갈등관리론

님비즘에 대한 대처방안, 무엇이 문제인가?

박종화

경북대학교출판부

박종화

미국 럿거스 대학교(Rutgers University) 도시계획 및 정책개발학과 졸업(계획학 박사 PhD), 1990년부터 경북대학교 법과대학 행정학과에서 교수로 근무하고 있으며 1998~1999년 싱가포르 국립대학교(National University of Singapore) 부동산학부 펠로우십 교수, 그리고 2007~2008년 미국 윌리엄스 대학교(Williams College) 경제학과에서 연구교수로 근무하였다. 최근 연구 관심은 도시 및 지역개발과정에서의 갈등관리와 지역경제성장 과정에서 첨단기술 산업의 입지와 영향 분석 등이다. 저서로서 『도시경영론』(박영사, 1996), 『지역경제론』(박영사, 1997), 『도시행정론』(공저, 대영문화사, 1998), 『지역개발론』(공저, 박영사, 2000), 『현대입지론』(대영문화사, 2006) 등이 있다.

E-mail: hwapark@knu.ac.kr

갈등관리론

– 님비즘에 대한 대처방안, 무엇이 문제인가?

찍은날 2008년 10월 13일 | **펴낸날** 2008년 10월 15일
지은이 박종화
펴낸이 노동일 | **펴낸곳** 경북대학교출판부
출판등록 1973년 10월 10일 ㉣97호 | **주소** 대구광역시 북구 산격동 1370번지
전화 053-950-6741~3 | **팩스** 053-953-4692 | **E-mail** press@knu.ac.kr
Homepage http://knupress.com

정가 15,000원
ISBN 978-89-7180-239-7 93350

서 문

울프(Charles Wolf, Jr)가 랜드(RAND) 연구소에 재직 중 자신의 평소 연구주제를 정리하여 『시장과 정부 간의 선택(Markets or Governments)』이란 흥미로운 책을 1988년도에 출판한 일이 있다. 마침 미국과 영국에서의 민영화 물결과 함께 '작은 정부', '정부의 실패' 논의와 맞물리면서 이 책은 큰 성공을 거두게 되었는데, 지방행정과 도시행정을 연구하는 많은 학자들이 울프의 연구 내용을 널리 인용함으로써 우리나라에도 많이 알려지게 되었다. 그런데 그 책의 기본 관점은 아마 "사회는 정부와 시장이라는 두 구성원리를 가지고 있는데, 그 어느 쪽도 완벽한 존재는 아니다. 따라서 우리는 필요한 재화와 서비스를 조달해 가는 과정에서 그 두 가지 중 어느 것이 상대적으로 나은지를 판단하여 둘 중 하나를 선택하는 균형 감각이 필요하다"는 말로 요약할 수 있을 것이다. 다시 말하면, 시장이 사회의 제반 수요를 충족시키는 도구로서는 불충분한 점이 있다 하더라도 그것이 시장의 자리에 정부를 갖다 놓는 충분조건이 되지는 않는다는 것이다. 현실 사회의 많은 문제들에 직면했을 때 절대적으로 좋은 것과 절대적으로 나쁜 것 사이에서 명확한 선택을 할 수 있는 것이 아니라, 좋은 것과 나쁜 것이 뒤섞여 있는 상태에서 상대적으로 더 나은 것을 선택하지 않을 수 없는 정책적 선택의 어려움을 피력한 것이다.

지방화의 흐름 속에서 님비현상과 지역갈등은 울프가 지적한 시장과 정부 간의 선택의 어려움만큼이나, 선택상의 어려움을 현재 우리에게 던져주고 있다. 세계질서의 글로벌화와 정보화의 추세 속에서 지방화는 이제 우리가 거역할 수 없는 시대적인 흐름인데, 이러한 지방화의 역기능으로서, 크든 작든 자치단체별로 자기들에게 손해가 되는 것으로 인식되는 시설은 그것이 설혹 사회적으로 필수적인 것이라 하더라도 반대가 팽배하여 시설입지가 제때 이루어지지 못하거나 경우에 따라서는 시설입지가 불가능한 경우로 나타나고 있다. 흔히 주민기피시설의 입지갈등을 님비현상(NIMBY syndrome)이라 부르는데, 우리의 이런 지역이기주의 현상을 상징적으로 표현한 것이다. 그렇다면 님비현상을 부정적인 행태로 인식해서 거부하고 그에 반대되는 선택을 하면 되는 것인지, 아니면 지역사회 주민들의 지극히 당연한 자기 권익보호 전술로 보아 문제해결 과정에 필수적인 전 단계로 인식해야 하는지, 그것도 아니면 님비현상을 부정적인 측면만 있는 것도 아니고 긍정적인 측면만 있는 것도 아닌 사안별 대처와 판단이 필요한 복합적인 과정으로 인식해야 하는지를 선택해서 대처해야 하는 만만치 않은 상황에 직면해 있다.

우리나라의 경우 대략 1990년대 초반부터 주민기피시설, 예컨대 쓰레기 매립지와 소각시설, 고압 변전소, 하수종말처리장, 화장장, LPG 가스충전소, 정신병원 등등의 기피시설 입지갈등이 현저하게 나타나고 있다. 그런데 이와 같은 현상을 단순히 다소 부정적인 뉘앙스가 있는 님비(NIMBY : Not In My Backyard) 또는 지역이기주의로 명명하고, 반대하는 지역사회를 비난함으로써 대처해 나갈 수 있는 것일까? 그렇지 않다는 데 학계 및 실무계의 대략적인 의견이 일치하고 있다. 보다 깊이 있는 논의를 위해 우선 이와 같은 기피시설 입지갈등의 원인을 분석해 보면 서구사회나 우리나라나 공통적으로 재산권의 침해, 보건상의 우려, 삶의 쾌적성 상실 등을 지적하고 있다. 반대하는 지역사회 구성원들의 의견을 들어보면, 초기 상태에서는 격분한 상태로 무조건 반대의 성향을 나타내지만 대개 일정 시간이 흐르면 "왜 하필 우리가 사는 이곳이냐, 다른 곳도 많은데 왜 우리에게 이런 부당한 부담을 부과하는지 모르겠다"

는 식의 하소연을 하는 것을 들을 수 있다. 그래서 이와 같은 문제를 연구하는 학자들은 대개 그 해결책으로 보상적 접근이나 제도적 접근 또는 인식적 접근을 제시한다. 즉 경제적으로 부당한 침해가 있으면 부당한 만큼의 경제적 보상을 하고, 법적·제도적 흠이 있으면 그에 대한 제도적 보완을 하며, 경제적 보상과 제도적 측면의 개선으로 부족한 부분은 공동체 일원으로서의 인식 내지 의식의 개선을 강조하는 것이다.

이 같은 학자들의 주장이 틀린 것이 아닌데, 그리고 원인과 해결방안에 대한 분석도 나왔는데 왜 지금까지 문제가 제대로 해결되지 않고 있는 것일까? 왜 기초자치단체장들의 최대 고민거리 중의 하나로 님비현상이 끊임없이 제기되고 있는 것일까? 1990년대 초반 미국 뉴욕시에서는 기피시설의 입지갈등 문제에 대처하기 위해 적정기준(fair share criteria)이란 새로운 개념을 설정하고 그것을 시 헌장에 규정한 바 있다. "… 기피시설의 입지결정과정에서는 부담과 편익의 일치를 기해야 한다. …" 규범적인 차원에서는 뉴욕시의 적정기준이라는 것이 님비현상을 해결하는 하나의 중요한 지침이 되는 것임에 틀림없다. 그러나 현실 행정에서 그 부담과 편익을 어떻게 일치시켜 나갈 것인지가 난제 중의 난제라는 것을 깨닫는 데 그렇게 많은 시간이 필요하지 않다. 머리 좋은 사람들의 집합체인 뉴욕 시 변호사회 같은 곳에서는 선호시설과 기피시설들을 모두 점수화해서 점수로 균형을 이루어 가는 방안을 제시했지만, 그것 역시 실무 행정경험이 있는 사람들이 보면 실천 가능성이 그다지 높지 않다는 것을 금방 알 수 있다. 그렇다면 어떤 방법이 있을까? 소위 님비문제 전문가들이 흔히 인식하고 있듯이 사실상 뾰족한 해결방안은 없는 것이 아닐까?

필자의 생각을 단적으로 말하면, 이 문제는 분명 해결방안이 있다. 다만 유능한 의사가 골치 아픈 질환을 제대로 치료하듯이 환자(님비현상)의 상태를 잘 파악해서 제때, 적정한 진단과 치료를 하는 것이 환자회복(님비현상의 극복)에 필수적인 과정이다. 바둑의 경우를 보면 승리를 위해서는 판세에 대한 정확한 판단과 정확한 수순(일 처리의 순서)이 중요하다. 피상적으로는 똑같아 보여도 수순이 다르면 전혀 다른 결과가 나타날 수 있기 때문이다. 쓰레기 매립지나 화장장 시설의 경우 바둑에서의 잘못된 수순과 같이 미숙한 진단과 처방으로 상황 자체를 악화시킨 경우를 최근 몇 가지 사례에서 볼 수 있다. 미국 위스콘신주 세이무어 타운의 쓰레기 매립지 입지갈등을 보면 대개의 기피시설 입지갈등과 같이 입지 갈등의 격화, 소송, 중재 등의 과정을 거치면서 결과적으로 갈등이 해소되는데, 그 과정에서 몇 가지 참고할 만한 사안들이 있다. 우선 법적 소송은 관련 당사자 어느 쪽도 결정적 우위에 있지 않고 양측 모두 부담을 느끼고 있었다(소송은 대개 장기간이 소요되고 그 결과를 예단하기 어려우며, 또한 소송과정에서 법적 분쟁 당사자 간 감정의 골이 깊어지기 때문에 가능한 한 소송 이외의 방법으로 대처해 갈 필요성을 여러 연구에서 지적하고 있다). 그리고 복잡한 입지갈등을 당사자들이 직접 해결하는 데 한계가 있어서 민간 비영리재단인 포드 재단(Ford Foundation)의 자금지원을 받은 위스콘신주 공공정책센터에서 온 중재자들이 중재역할을 맡았다. 그리고 중재를 통한 합의안은 향후 이행을 담보하기 위해 위스콘신주 순회법정 기록으로 보존되었다.

당사자를 구체화하기 힘들고 사안 자체가 복잡한 대부분의 기피시설 입지갈등의 경우 당사자들의 노력만으로는 합의를 도출하기 어려울 것으로 보인다. 이와 같은 경우 제3자적인 입장을 지닌 실체의 전문적인 중재 노력이 중요하다. 민선자치 초기라고 할 수 있는 1995년 7월에서 1998년 6월까지 3년 동안 발생·관리된 300여 건의 갈등사례를 사안 기술 방식으로 정리한 행정자치부 외(1999) 『지방자치시대의 분쟁사례집 1, 2』의 자료가 있다. 그 자료 중 기피시설 관련 공공부문과 민간부문 간 입지갈등 사례 108건을 이용하여 필자가 협상의 정도와 해결 여부와의 관계를 새로운 각도에서 분석해 본 결과, 흥미롭게도 해결과 미해결 여부와 합의형성에 이르는 제반 노력들, 예컨대 이해 당사자 간의 지속적인 대화와 설득, 설명회 개최, 토론 등의 사이에는 정의 상관관계가 분명하게 나타나고 있었다. 즉 기피시설의 입지갈등 해결과정에서 합의형성 노력이 차지하는 비중이 높다는 것을 알 수 있었다. 문제는 우리가 어떻게 하면 합의형성노력이 제대로 그리고 활발하게 일어날 수 있도록 하는가인데, 이는 전문적인 중재집단의 도움으로 상당부분 해결 가능하다는 것이 많은 사례연구에서 드러나고 있다. 따라서 갈등 당사자들로부터 신뢰를 받을 수 있고 중립적이며 사안별 전문성 확보가 상대적으로 용이한 대학 등에서 중재기관을 설립하고 운영하는 것이 좋은 방법일 것으로 보인다. 물론 그 기관의 운영비는 미국의 예와 같이 대부분 민간 비영리재단 등으로부터 조달되는 것이 바람직할 것이다. 그리고 합의안의 이행을 담보하는 형태로서 법정 기록을 남기는 것 등도 참고의 여지가 있다. 그 밖에 합의안의 이행을 담보로 하는 이행조건부 기탁금제 같은 것도 고려할 수 있을 것으로 보인다.

지방화시대에 님비현상과 관련하여 우려의 목소리가 높지만 기본적으로 이는 다소 불가피한 흐름으로 인지해야 할 것이다. 과거의 권위주의적인 정치문화, 다수의 힘에 의한 소수의 이해관계의 무시, 장기적인 지역발전전망이 결여된 근시안적인 사안대처 행태 등으로 우리 행정이 새로운 시대의 변화를 제대로 따라가지 못하는 점이 있었던 것이 사실이기 때문이다. 이와 같은 점들은 자치시대의 흐름과 함께 정책결정 과정에서 '부담과 편익을 일치'시켜 가는 노력을 바른 방향으로 꾸준히 함으로써 극복될 수 있는 과제들이다. 단기적인 성과에 집착하고 소외된 정당한 권리주장을 무시하게 되면 당장에는 효과가 있는 것처럼 보여도, 그 반향으로서 감정적이고 무조건적인 반대의 목소리에 직면할 수 있다. 이와 같은 맥락에서, 우리는 님비현상과 지역갈등 현상의 복잡 다양성을 이해하고 긍정적인 자세로 그 원인을 진단하며 중립적인 제3자의 도움을 얻어 적절한 '진료 및 처방'을 수행해 갈 필요가 있다. 이와 같은 노력을 통해 우리는 우리가 직면하고 있는 님비현상과 지역갈등 현상의 문제점을 완화하고 또 극복해 갈 수 있을 것이기 때문이다.

이 책은 저자가 발표했던 다섯 편의 논문을 토대로 재작성한 다섯 개의 장으로 구성되어 있다. 제1장은 지역갈등 해소의 기본방향과 전략을 개괄적인 차원에서 검토한다. 특히 지역갈등의 원인, 갈등 해소의 기본방향, 갈등 해소 전략과 그 한계점들을 비교적 상세하게 다룬다. 제2장은 기피시설의 입지갈등 상황에서 중재협상의 이유, 과정, 한계점들을 분석한다. 제3장은 입지갈등 사안별 상충가치의 다양성을 지적하고 그 해결과정으로서의 중첩적 접근방식을 설명한다. 제4장은 지역갈등의 대처방안을 갈등의 정도측면에서 분류하고 전략적 중재방식의 의의, 적용과정, 한계점들을 다룬다. 제5장은 선호시설의 비용부담과 관리갈등 측면을 도시근교림의 관리갈등과 합의형성 방안 모색 차원에서 검토한다. 그리고 부록에서는 미국의 사례를 이용하여 지역갈등 현황 및 조정사례를 소개한다. 선진사례를 통해 갈등관리에 대한 새로운 시각을 학습할 수 있는 기회가 될 수 있을 것으로 판단된다. 이 책은 님비즘(NIMBYism) 또는 님비현상의 해결과정에서 주목받고 있는 이슈와 추세들을 논의하고 있다. 따라서 완벽하게 정립된 이론이라기보다는 논의가 계속 진행되고 있는 논제들을 보다 적극적으로 소개하고 있는 것이다. 이러한 점에서 이 책의 논의들이 관련 연구와 실천에 새로운 출발점을 제시할 수 있을 것으로 보인다.

이 책을 펴내기까지 여러 분들에게 많은 도움을 받았다. 우선 본 서의

제5장 '도시근교림 관리갈등과 합의형성'의 토대가 된 연구에서 저자와 공동 작업을 한 김선길 박사님, 그리고 관련 자료의 정리와 교정 등에 노력해 준 포항테크노파크의 김동진 연구원에게 감사드린다. 부분적인 연구결과들을 '갈등관리'라는 하나의 주제로 체계화할 수 있도록 연구비를 지원해 준 대학 당국, 무더운 여름 방학 기간 중에 꼼꼼하게 교정을 봐 준 경북대학교출판부의 장준이 선생과 김용훈 선생에게도 감사한다. 이 밖에 도움 주신 모든 분들에게 감사의 마음을 전하고 싶다.

2008년 10월

저자 박종화

목차

갈등관리론

제1장

지역갈등 해소의 기본방향과 전략

우리의 현재 삶을 특징짓는 변수들은 여러 가지가 있다. 그 변수들을 크게 나누면 외적인 변수와 내적인 변수로 나눌 수 있을 것이고, 그 외적인 변수와 내적인 변수의 종합적인 작용에 의해 현재의 우리 삶이 결정되고 또한 앞으로의 삶이 영향을 받게 된다. 이와 같은 관계는 그것이 개인적인 것이든 집단의 공공적인 것이든 공통적으로 적용된다. 다만 그 관계가 지역갈등과 같이 공공적인 경우에는 개인적인 경우에 비해 훨씬 더 복잡한 연관관계를 맺으면서 나타나게 될 것이다. 현재 우리의 삶에 큰 영향을 미치는 외적인 환경변수로서 도시화·정보화·세계화·지방화 등의 흐름이 흔히 지적되고 있다. 그리고 그와 같은 외적 환경변수의 변화흐름과 사실상 동시에 존재하고 있는 것이 바로 우리의 의식·능력·기타 내적 자원 등으로 표현될 수 있는 내적 변수들이다. 결과적으로 우리가 현재 어떤 하나의 현상으로 관찰하고 지각하는 '지역갈등'은 대개 여러 가지 복합적인 요인에 의해 빚어지는 집단적인 형태의 공공적인 문제이고, 따라서 그와 같은 문제를 해결하는 과정은 흡사 얽힌 실타래를 풀어 가는 과정처럼 시간과 인내, 그리고 차분한 솜씨가 요청된다.

지역갈등은 지역 간 갈등과 지역 내 갈등으로 구분할 수 있다. 갈등의 당사자는 여러 실체가 있겠지만 크게 나누면 민간부문과 공공부문으로 나눌 수 있다. 따라서 지역갈등은 민간부문 간의 지역 간 갈등과 지역 내 갈등, 민간부문과 공공부문 간의 지역 내 갈등과 지역 간 갈등, 그리고 공공부문 간의 지역 내 갈등과 지역 간 갈등 등 다양한 형태로 나타난다. 그중에서 우리의 주된 관심의 대상이 되는 것은 주로 공공부문과 민간부문 간의 지역 내 갈등과 지역 간 갈등이다. 민간부문 간에도 갈등이 발생하지 않는 것은 아니지만 그 갈등은 기본적으로 시장메커니즘의 질서와 해당 집단 간의 문제로 한정되고, 공공부문 간의 갈등 역시 항상 존재할 수 있지만 대개 공식적인 채널에 의해 해결되거나 완화될 소지가 높고, 적어도 집단 간의 갈등으로 격화될 소지는 그렇게 높지 않기 때문이다.

1980년대 후반을 고비로 권위주의적인 정부의 몰락, 정보화와 개방화 추세에 따른 시민의 기대수준의 급격한 상승, 소득과 소비수준의 전반적인 상승 등으로 삶의 질에 대한 기대와 관심이 높아지고 있다. 특히 세계화와 지방화의 흐름으로 표현되는 개별 자치단체의 자율성과 경쟁력 제고 요청은 행정의 위상을 민간부문에 대한 선도적인 위치에서 동반자 관계 내지 경쟁 관계로 이행시키고 있다. 그리고 자치단체 간에도 경쟁적인 분위기를 조성해가고 있다. 결과적으로 급격하게 팽창하고 있는 다양한 행정수요를 충족하기 위한 과정에서 필수적인 재원조달과 그 배분과정, 토지·물과 같은 한정된 자원의 개발이나 이용, 현대적인 삶에서 없어서는 안 되는, 그러나 한편으로는 주민들이 기피하는 공공시설의 입지문제 등은 거의 예외 없이 공공부문과 민간부문 간의 지역 내 갈등 또는 지역 간 갈등을 불러일으키고 있다. 특히 일선 행정기관에서는 일상적인 삶의 유지에 필수적인 폐기물 매립지와 소각로, 변전소, 교도소, 보호감호소, 부랑자수용소, 정신병동 등의 입지문제를 해결하는 것이 엄청난 행정부담으로 나타나고 있다. 특히 핵 발전 시설이나 핵폐기물 매립지 설치 등은 전국적인 문제로 부각되고 있다.

이와 같이 다양한 원인에서 비롯되는 지역갈등은 우리의 현재와 미래의 환경변수를 고려할 때 더욱 격화될 가능성이 높다. 따라서 이와 같은 문제는 어려움이 많다고 하더라도 해결해야만 하는 과제임에 틀림없다. 이와 같은 과제를 달성하기 위해 행정 실무자는 지역갈등의 원인, 갈등 해소의 기본방향, 갈등 해소의 전략 등을 이해해야 한다. 본 장에서는 이와 같은 논제를 특히 주민기피성이 있는 공공시설 입지와 관련된 지역갈등의 완화 내지 해소에 초점을 두고 검토하고자 한다.[1)]

우리나라의 경우 지역갈등의 완화 내지 해소와 관련한 문헌들이 많지 않은 편이지만, 서구 산업사회에서는 1980년대 들어서 개발과 환경갈등, 님비(NIMBY)현상에 대한 분석, 중재나 협상 관련 연구들이 많이 소개되고 있다.[2)] 그중 Lake(1993, 1987)와 Dear(1992)는 혐오시설과 관련한 입지 갈등 및 계획가들의 역할에 대해 분석했다. 위험폐기물 처리시설과 처리장소에 대한 논의(Heiman, 1990; Bacow and Milkey, 1982) 및 환경문제와 관련된 지역갈등을 해결하기 위한 방안으로서 중재나 협상과정에 대한 다양한 연구(Madigan et al., 1990; Blackburn, 1988; Susskind, 1983)들이 있다. 그 밖에 개발과정의 관리를 위해 관민 간의 협상을 강조한 분석(Levitt and

---

1) 지역갈등은 넓게 보면, 행정관청이나 첨단산업시설과 같은 선호시설을 유치하기 위해 여러 지역들이 서로 다투는 것을 포괄하는 개념이다. 다만 지역갈등이란 말에는 부정적인 의미가 개재되어 있어, 선호시설 유치와 관련된 다툼은 흔히 '경쟁'이라는 용어로 표현된다. 따라서 특별한 언급이 없는 한 이 장에서 지역갈등은 기피시설과 관련된 갈등을 의미하는 것으로 그 범위를 국한해 사용할 것이다.

2) 님비(NIMBY)란 폐기물 매립지나 유해시설 등 주민기피시설의 입지와 관련하여 해당 지역사회의 거부 내지 방어적인 태도 및 반대 전술을 일컫는다. 즉 그 시설에 대한 필요성은 인정하지만 '내가 살고 있는 인근은 곤란하다(not in my backyard)'라는 뜻을 담고 있다. 이와 대조적으로 핌피(PIMFY)란 주민선호시설을 유치하기 위한 지역집단의 유치활동 내지 전략을 말하는데, 여기에는 '내가 살고 있는 이곳에 입지하기를 바란다(please in my front yard)'라는 의미가 담겨 있다.

Kirlin, 1985) 및 갈등현상과 관련하여 행정 실무가와 계획가의 역할에 대한 분석(Pops and Stephenson, 1988; Forester, 1987) 등이 있다.

우리의 경우 매립지로 인한 주민과 시행당국 간의 갈등 해소에 관한 연구로서 신창현 외 4인의 보고서(1993), 도시개발사업 수행을 위한 협상연구로서 이종규 외 6인의 보고서(1994)가 두드러진다. 그 외 공공시설 설치에 따른 집단갈등과 님비현상에 관한 연구(김종후 외, 1994; 장세훈, 1994; 김선희, 1993)와 폐기물 매립지 관련 지역사회에 대한 대안전략(Park, 1995) 및 적정 보상에 관한 연구(박종화, 1993) 등이 있다.

지역갈등의 원인

지역갈등은 다양한 원인에서 비롯된다. 지역갈등의 원인을 명료하게 밝혀내기 위해서는 무엇보다도 지역갈등을 갈등 당사자와 그 당사자 집단에 영향을 미치는 환경변수로 체계화하는 방법이 효과적일 것이다. 그런데 갈등사안별로 갈등원인을 분석하는 것은 본 장의 주된 목적이 아니다. 따라서 여기서는 적어도 공공시설 입지와 관련하여 지역갈등을 야기할 가능성이 높은 제반 원인을 갈등 당사자와 그 환경으로 체계화해서 개괄적으로 검토한다. 그리고 넓게는 환경변수에 포함될 수 있겠지만 시행기관과 지역사회 간의 갈등을 중재 내지 조정해 줄 수 있는 중재기관을 여타변수로 고려하여 따로 논의한다.

(1) 시행기관

주민기피시설과 연관된 지역갈등은 기본적으로 부(負)의 외부효과의 크기와, 실제와 인식 간의 간격 때문에 빚어진다. 새로운 시설이 입지하여 금전적 혹은 건강상의 피해를 주거나 삶의 쾌적성에 손상을 줌으로써 당사자 입장에서는 무시할 수 없는 정도의 부의 외부효과가 발생하였는데, 그와 같은 피해를 책임성과는 별 상관없이, 일부 집단만이 부담한다고 생각하게 되면 일단 갈등의 소지가 발생한 것으로 볼 수 있다. 그러나 갈등의 소지가 있다고 해서 그것이 전부 표면화되는 것은 아니다. 권위주의적인 정부하에서는 공익이라는 미명 아래 웬만큼의 사익의 손실은 당연한 것으로 인식되고, 갈등이 표면화되는 데에는 적지 않은 장애가 있다. 따라서 갈등이 표면화되기 위해서는 다른 조건이 부가적으로 필요하다.

그리고 부의 외부효과라 하지만 그것을 절대량으로 나타내어서 모든 사람들이 단일한 값으로 인식하도록 하는 것은 쉬운 일이 아니다. 즉 인식과 실제 간의 간격이 흔히 존재해서 실제 피해의 값이 10인데 50으로 인식할 수도 있고, 그 역 또한 가능하다.[3] 문제는 지역갈등에 있어서 부의 외부효과의 크기를 쌍방이 수용할 수 있는 어떤 절대값으로 표현할 수 없기 때문에 실제와 인식간의 차이가 발생하는 것인데, 이와 같은 문제 역시 지역갈등을 격화시키는 데 중요한 요인이 되고 있다.[4]

따라서 시행기관의 입장에서 지역갈등을 가급적 최소화하기 위해서는 부의 외부효과의 크기를 정확하게 파악하여 부담과 편익을 일치시켜 주는 방법을 택하는 것이다. 그리고 부의 외부효과를 과장하여 인식하는 경우에 실제와

3) 과학자들의 분석결과 사람들은 자신들의 자발적인 행동에서 생겨나는 위험과 자신들의 의사와 관계없이 일어나는 위험에 대해 각각 다른 반응을 나타내는 것으로 알려져 있다. 즉 사람들은 담배를 피운다든지 자동차를 운전하는 것과 같이 자발적으로 하는 일일 때는 훨씬 더 큰 위험에도 관대하다. 그러나 산업시설에서 흘러나오는 폐수, 핵발전소에서 나오는 방사능물질처럼 우리 자신이 어떻게 할 수 없는 것일 때는 그 위험이 극히 미미한 것일지라도 이의를 제기한다(Ross, 1996).

4) 수도권 매립지로 인한 환경오염 피해의 인식에 대한 한 조사에 의하면, 거의 대부분의 주민(99%)이 시간이 경과하면 피해가 나타나거나 또는 지금 당장 피해가 있을 것이라고 우려하고 있는데, 그것과 대조적으로 공무원들은 동일한 항목에 대해서 47.9%만이 동일한 응답을 하고 있다(신창현, 1993 : 24-25).

인식 간의 간격을 해소할 수 있도록 정보를 원활하게 전달하는 등 필요한 조치를 취해야 한다. 그러나 일선 행정기관들이 그와 같은 문제를 해결해 가는 것은 용이한 일이 아니다. 그런데 여기서 또 다른 문제는 대개의 경우 피해자는 부의 외부효과를 과장하는 내재적 성향을 가지게 되고, 피해를 보상하는 실체는 가급적 피해의 범위를 축소해서 파악하려는 내재적 성향을 가지게 된다는 점이다. 흡사 시장에서의 거래나 흥정과 같은 상황에 빠지게 되는 것이다. 여기서 시행기관이 갖추어야 할 능력으로서 기술적인 분석능력뿐만 아니라 협상능력이 요청된다.

시행기관이 비교적 정확하게 부의 외부효과의 크기를 파악하고, 그 범위에 대해서 당사자 간에 상당부분 인식이 일치하는 경우에도 갈등의 소지가 완전히 없어지는 것은 아니다. 왜냐하면 현실적으로 시행기관은 한정된 시간과 한정된 인적·물적 자원을 가지고 사업계획을 추진하는 경우가 적지 않기 때문이다. 부의 외부효과의 크기를 상쇄해 가는 과정에서 특히 금전적인 보상이 중요한 역할을 하는데 재원이 부족하거나 법적인 보상근거가 결여되어 있어서 문제점을 분명히 인식하면서도 대처를 못하는 경우가 생길 수 있기 때문이다.

그 밖에 지역 환경의 질에 대한 일반적인 관심이 급격하게 높아지고 있는데 이에 대한 정책적 배려가 미흡하다든지, 지역이 직면하고 있는 제반 여건은 하루가 다르게 변화하고 있는데 관료조직의 특성상 변화에 대한 적응력이 낮다든지, 갈등이 발생하고 나서 대책을 세우는 것보다 그 전에 미래의 갈등 요소를 예견해서 그에 대한 대책을 장·단기적으로 마련하고 적극적으로 대처해 나가야 하는데 그렇지 못한 경우가 많다든지 하는 점 등이 시행기관이 내재적으로 가지고 있는, 갈등을 야기할 수 있는 요인들이라고 할 수 있다.

(2) 지역사회

지역사회에 있어서도 부의 외부효과의 절대적 크기가 지역갈등을 초래하는 요인임에는 틀림이 없다. 다만 그 크기에 대하여 실제 값과 인식 값의 차이를 가져오는 요인에 지역사회의 고유한 속성이 영향을 미칠 것으로 보인다. 1989년 미국에서 실시된 한 전국적인 조사는 주민기피시설의 부정적인 효과에 대해 보다 강하게 반대하는 속성으로서 고소득, 남성, 고등교육, 전문직, 기혼, 주택 소유자, 대도시 또는 그 교외에 거주하는 집단을 지적하고 있다(Daniel Yankelovich Group, 1990). 소득수준이 높고 비교적 동질성이 높은 집단이 거주하고 있는 대도시 교외의 중상류층 주거단지는 상대적으로 소득수준도 낮고 아주 이질적인 사회적 집단이 거주하고 있는 지역에 비해 어떤 바람직하지 못한 공공시설의 입지에 대해 거부성향이 높게 나타날 것으로 짐작할 수 있다.

우리나라의 경우에도 비교적 소득수준이 높고 동질적인 집단이 거주하고 있는 대단위 아파트단지에서 쓰레기 소각시설의 설치 또는 확장, 변전소의 입지 등이 강력한 주민저항에 부딪혀 입지변경 내지 좌절되었던 경험이 적지 않다. 다만 그와 같은 지역에서도 인류애에서 연유하는 인도적 가치가 강한 신체적 또는 정신적 장애인들을 대상으로 하는 교육 내지 수용시설에 대해서는 상대적으로 관용성이 높게 나타나는 것으로 보인다(Dear, 1992 : 293).

(3) 환경변수

주민기피시설과 관련된 지역갈등을 시행기관의 대응능력 부족이나 지역사회의 의식적 요인으로만 파악하기는 어렵다. 현재 우리가 직면하고 있는 공공시설의 입지와 관련된 지역갈등의 빈도나 절대량이 과거 어느 때보다 확대되고 있는데, 우리는 그 원인을 상당부분 정치적 · 경제적 · 사회문화적 변수 등

환경변수의 변화에서 찾을 수 있다.

대략 1980년대부터 전 세계적으로 정보화의 물결, 세계화와 지방화의 물결 등이 정도상의 차이는 있겠지만 공통적인 현상으로 나타나게 된다. 우리나라의 경우 최근 십여 년간 정부가 주도하는 공공시설 입지정책의 흠에 대해 일반 대중들의 인식이 놀랄 만한 속도로 증대되었고 또 그와 같은 정보가 널리 확산되었기 때문에 지역사회의 거부감이 보다 표면화되고 있는 것으로 보인다.

또한 이제까지 정치과정에서 소외되고 소극적이었던 많은 이익집단들, 즉 환경론자, 지역운동가들 등의 정치적 조직화와 정치적 권익신장이 우리의 경우 권위주의적인 정부의 몰락과 지방화의 흐름 등과 함께 활성화됨으로써 그와 같은 움직임을 가속화했을 것이다. 그리고 대부분의 주민기피성 공공시설의 입지는 그와 같은 사업으로부터 편익을 누리는 자와 그런 정부사업 때문에 피해를 당하는 사람 간에 어떤 분리현상이 발생함으로써 수요와 공급측면에서 왜곡현상이 심화될 수 있었던 것으로 보인다(Wolf, 1990 : 41-45). 예컨대 폐기물 매립지나 소각로의 경우는 원인 제공자인 다수가 소수를 이용한다는 측면에서 Wolf(1990 : 42-45)가 언급하는 거시적 분리(macrodecoupling)에 해당한다고 볼 수 있고, 그와 같은 서비스에는 초과수요가 발생하게 된다.[5]

고도산업화로 소득이 증가하고 생활수준이 높아짐으로써 '삶의 질'에 대한 욕구가 급격하게 팽창하게 되는데, 주민기피성 공공시설은 대개 삶의 쾌적성을 떨어뜨림으로써 갈등이 발생할 수 있는 여지를 확대시키게 된다. 그리고 세계화와 다원화 등 신사회의 도래는 전통적인 국경의 의미를 퇴색시키고

5) 편익과 비용의 분리과정에서 특정집단에게 편익이 집중되어 있고 그 비용은 납세자나 소비자로서의 일반대중에게 널리 퍼져 있을 때 '미시적 분리(microdecoupling)'가 야기된다고 Wolf(1990 : 42-43)는 주장한다.

더 나아가 공동체 의식까지도 상당부분 손상시키게 된다. 이와 같은 과정에서 사회집단의 일원으로서의 당연한 수인(受忍)의무까지 약화됨으로써 나에게 손해가 되는 일은 어떤 것도 반대하는 행태로 나타난다.

(4) 중재기관

지역갈등의 해소는 아주 복잡하고 혼란한 상황에서의 문제해결 과정이다. 즉 완전하고 확실한 정보와 기술, 그리고 자원을 가지고 있는 상태에서 미리 알고 있는 문제를 풀어 가는 과정이 아니다. 복합적인 원인으로 급격한 상황 변화가 초래될 수 있는 상황에서의 문제해결 과정이다. 그리고 참여자들은 분명한 문제의식이 있든 없든 결정에 관여하고 결정의 전 과정에 걸쳐 계속 바뀔 수 있다. 기본적으로 과거의 유사한 사건이나 행동으로부터 학습한 것을 토대로 갈등 해소 과정이 진행되겠지만, 경우에 따라서는 완전한 혼란상태에서 논의가 진전되기도 한다. 결과적으로 시행기관이 주민기피성 공공시설의 적지를 지정하고 시설을 완료해서 성공적으로 사용하는 것은 쉬운 일이 아니다. 지역사회와의 협의를 통해 시행기관의 기본적인 안이 수용되면 다행이지만, 그렇지 못하고 지역사회에서의 거부가 공식화되면 어떤 형태로든 조정된 안을 도출해 내는 중재기관의 역할이 중요해진다.

그런데 현재까지 우리나라의 경우 이와 같은 문제에 대해 공식적인 중재기관이 제대로 정비되어 있지 못하고 역할인식 또한 미미했던 것으로 보인다. 다만 환경갈등의 경우, 갈등을 그대로 방치하기가 성질상 곤란하고 소송에 의지하는 경우에도 인과관계의 입증이나 피해의 범위 설정 등이 법적 판단의 범위를 넘어서서 정치적 판단을 요하는 경우가 적지 않기 때문에 1990년 8월 환경오염피해갈등조정법이 서둘러 제정되고, 1991년 7월 중앙과 15개 시·도에서 법조인·학자·환경문제 전문가 등으로 구성된 환경갈등조정위원회가 만들어져 운용되고 있는 것으로 보인다. 앞에서 언급되었듯이 주민기피성 공공시설의 입지와 관련된 지역갈등은 궁극적으로 양보와 타협을 축으로 하는 협상과정으로 풀어갈 수밖에 없는 사안으로 보인다. 우리의 경우 이 부문에 대한 경험이 일천하지만 협상능력과 대표성이 있는 실체를 발굴하고 육성하여 장기적으로 대비해야 할 것으로 보인다.

협의를 통해 해당 지역사회가 시행기관의 지정안을 수용하면 다행이지만, 그렇지 않고 공식적으로 거부하게 되면 힘겨운 중재 내지 협상 등의 과정을 거쳐야 한다. 이 과정에서 중재기관의 역할이 두드러진다. 중재란 갈등상황에 있는 문제에 대한 새로운 선택기회를 비대결적인 탐색으로 찾아내는 것이다. 비용, 시간 양 측면에서 소송보다 유리하고, 이 과정이 실패하면 법정에 서게 된다는 것을 암시하고 있기 때문에 중재자는 상호일치할 수 있는 선을 제시함으로써 양극화된 지역갈등을 해결하는 데 기여할 수 있다.

지역갈등 해소의 기본방향

지역갈등 해소의 당위성은 분명하지만 그 문제를 어떤 방향에서 풀어 가야 할 것인가는 분명하지 않다. 지역갈등을 발생시키는 원인 내지 변수가 아주 다양하고 상황 역시 상당부분 다르기 때문이다. 그렇다고 하더라도 지역갈등의 해소과정에서 우리가 공통적으로 참조할 수 있는 기본방향에 대한 모색은 의의가 있다고 판단된다.

지역갈등의 완화 내지 해소는 공익이라는 이름하에 사익이 부당하게 침해되는 방향이 되어서는 안 되는 것처럼 특정 집단의 사익추구의 희생양이 되어서도 안 된다. 지역갈등 해소의 궁극적인 목적은 모든 사람의 삶의 질을 높이고 인간다운 생활을 보장하는 것이므로 당연히 사회적 불평등을 해소 내지 완화하는 방향으로 진전되어야 한다. 지역갈등은 원인분석에서 밝혀졌듯이 기본적으로 개인 또는 집단 간의 이해관계의 다툼에 기인하는 것이기 때문에, 그 다툼을 슬기롭게 풀어 가기 위해서는 쌍방이 동의하고 납득할 수 있는 합리적인 규칙 또는 제도의 정립이 기본이 된다. 그리고 제도나 규칙, 기타 기술적인 장치가 갖고 있는 약점을 보완하고 극복하기 위해서는 참여자들의 의식 전환이 중요하다. 따라서 여기서는 지역갈등 해소의 기본방향으로서 공익과 사익의 조화, 사회적 형평성의 제고, 합리적인 제도의 형성, 의식의 전환을 제시하고 각각 검토한다. 물론 이와 같은 사항들은 완전히 배타적인 것은 아니어서 상호 연관되어 나타날 수 있다.

(1) 공익과 사익의 조화

어떤 근린지역에 주민기피성 공공시설이 입지한다는 발표가 나게 되면, 우선은 주민들이 격분하겠지만 반대 논의는 대개 세 가지 특정한 관심을 드러내는 것으로 알려져 있다(박종화, 1993 : 62; Dear, 1990) : 재산가치 하락에 대한 우려, 개인적인 신변안전과 보건상의 위해에 대한 인식, 그리고 근린 쾌적성 상실에 대한 염려. 폐기물 매립지나 소각시설 등은 대개 위의 세 가지 조건에 모두 해당되고, 따라서 그에 따른 지역갈등을 완화 내지 해소하기 위해서는 세 가지 측면 모두에 대해 고려할 필요가 있다. 특정 산업시설의 집단적인 입지를 위한 공단조성에 따른 영향 수계 권에 속한 지역으로부터의 반대는 주로 보건상의 위해에 대한 우려 때문에 빚어지는 것이다. 따라서 그와 같은 경우 금전적인 보상이나 단순히 근린 쾌적성을 제고하는 노력은 거의 효과를 발휘하기 어렵다. 핵폐기물 매립지와 같은 시설은 전자의 두 가지 요인, 그중에서도 특히 두 번째 요인에 의해 지역갈등이 빚어지는 것이므로 그 지역 자체에 쾌적성을 높이는 시설을 설치하고 상당한 액수의 금전적인 보상을 하더라도 갈등완화에 제대로 기여하기 어려운 것은 동일한 맥락에서 이해할 수 있다.

따라서 책임소재와 직접적인 관련성이 없는 상태에서 어떤 특정집단의 희생을 토대로 하여 소위 '공익'이 추구되어서는 안 된다. 중요한 것은 부담과 편익의 일치를 지향하는 적정기준(fair share criteria)을 모색하는 것이다. 그것이 금전적이든 물질적이든 중요한 가치라면 공익과 사익이 조화를 이룬 토대 위에서 추구되는 것이 바람직하다.

우리 헌법 제23조 제1항은 재산권의 보장을 규정하고 있고, 동법 제3항은 공공필요에 의한 재산권을 침해하는 경우 그 근거법률에 재산권 침해규정과 함께 침해에 대한 보상규정도 구비하여야 한다고 명시하고 있다. 즉 우리 헌법은 공익과 사익의 조화를 지향하고 있다고 볼 수 있다. 그런데 우리의 법체계상, 행정상 손실보상제도에 관한 일반법이 존재하지 않고 토지수용법 등 각 개별법에서 적법행위로 인한 손실보상에 대해 규정하고 있을 뿐이다. 따라서 법률이 재산권의 공권적 침해를 규정하면서도 그에 대한 보상을 규정하지 않은 경우가 있을 수 있는데, 이 경우 피해자의 구제가 문제된다. 특히 대부분의 주민기피시설은 직접 수용·사용된 토지·건물이 아닌 주변 토지·건물 등의 가격하락까지 불러올 수 있는데, 이에 대한 적정한 보상이 문제가 된다.[6)]

적정보상과정에서 흔히 보상재원이 문제가 되는데, 책임성의 소재에 따라

---

6) 폐기물처리시설의 경우 1994년 12월에 제정된 폐기물처리시설 설치촉진 및 주변지역지원 등에 관한 법률과, 1995년 6월에 만들어진 동 시행령에 의해 주변영향지역의 지원에 대한 규정이 만들어져 있다. 하지만 이 규정 역시 현재 상당수의 폐기물처리시설, 특히 대규모 폐기물소각시설이 인구밀집지역인 도시 내에 형성되고 있는 추세에 비추어, 간접영향권의 범위(동 시행령 제16조 "소각시설의 부지경계선으로부터 300미터 이내의 지역으로서 직접영향권 외의 지역")를 지나치게 축소 설정한 것으로 보인다. 지역의 특성별로 직·간접 영향권의 범위를 별도로 설정할 수 있을 것으로 보인다.

사회구성원이 공동으로 부담하는 방향으로 나아가야 할 것으로 보인다. 그리고 민간부문이 사익을 추구하기 위해 제반 개발사업을 시행하는 경우 역시 공익과 사익의 조화를 고려하여 그 사업은 인근 지역주민의 재산권과 생활권, 더 나아가서 환경권을 침해해서는 안 되며, 침해 시에는 그에 따른 적절한 보상대책이 수립되어야 할 것이다.

(2) 사회적 형평성의 제고

사회적 형평성은 분배상의 형평(distributional equity)에 관한 논의이다. 소득과 부의 배분과정에 있어서 지나친 격차는 바람직하지 못하고 시정되어야 한다는 점에 있어서는 대부분의 의견이 일치한다. 다만 분배문제가 효율성 문제와 서로 상충(trade-off)관계에 있을 때 선택의 문제가 따른다. 오래전에 Viner(1960 : 68)가 지적했듯이 어떤 제도나 원리의 수용성은 보통 사람들이 적어도 받아들일 수 있는 분배적 정의감과 일치하는 정도에 달려 있는 것으로 보인다. 따라서 적어도 지켜져야 할 수준(tolerably content)의 분배적 정의를 희생시키면서 어떤 다른 목적을 추구하는 것은 바람직하지 않다.

현실적으로 사회적 형평성의 제고라는 것이 구체적으로 어떻게 이루어져야 하는가에 대한 방안이 명확한 것은 아니지만, 갈등상황에서 적어도 분배적 격차를 줄여 가는 방향으로 주민기피성 공공시설의 입지결정 및 운영관리를 하는 것은 사회적 형평성을 제고하는 노력으로 볼 수 있다. 그렇다고 하여 토지이용의 결정과정에서 기피시설을 부유한 지역에 집중적으로 배치해야 한다는 것은 아니다. 중요한 것은 사회적으로 필요한 시설을 어디엔가 입지시켜야 하는데 그 과정에서 초래될 수 있는 총비용 중 '누가 얼마만큼 부담하는가?' 하는 문제이기 때문이다. 그리고 이와 같은 노력은 소위 Rawls(1971)의 정의의 원칙 중 두 번째 원칙인 최소극대화의 원칙(maximin principle)과도 부합

한다.[7)]

(3) 합리적 제도의 형성

제도의 변화는 관련 당사자 어느 일방의 희생이나 손실을 토대로 이루어져서는 안 된다. 그렇다고 하여 '성가신 아이'를 적당히 구슬리기 위해 혜택을 베풀어야 한다는 의미는 아니다. 지역갈등 관련 제도는 갈등의 직접 당사자들뿐만 아니라 궁극적으로 전 국민이 이해 당사자이기 때문에 일부 지역이기주의의 희생물이 되어서는 곤란하다. 따라서 다양한 의견을 참조하되 가능하면 가상적인 상태라도 합의점을 도출할 수 있는 제도적인 노력이 필요하다. 전통적인 우리 문화에 다소 맞지 않는 점이 있다고 하더라도 합리성에 입각하여 문제에 접근해 가면 그 기준이 궁극적으로 변화하는 제반 환경에 걸맞는 기준으로 자리 잡을 수 있다. 따라서 특정 국가의 문제해결방식에 집착하기보다 우리의 상황에 맞는 갈등 해결 제도를 형성해 가는 것이 중요하다.

합리적인 제도의 형성은 장기적인 비전과 예측에 입각한 계획안, 적정부담 규칙의 정립, 참여의 제도화 등으로 구체화된다. 겉으로는 화려한 계획이지만 필요한 재원조달방안을 빠뜨리고 있다든지, 부담과 편익이 일치하지 않음으로써 어느 일방에게 특혜 부여 또는 희생 강요의 형태로 나타난다든지 해서 궁극적으로 정책의 실천성을 결여하고 있으면 합리적인 제도라고 보기 어렵다. 이와 같은 노력의 일환으로 제3차 국토종합개발계획(1992~2001)의 부문별 계획은 국토환경의 보전과 기피시설에 대한 입지대책으로서 각종 개발사업 시행 시에 환경오염방지대책의 의무화, 폐기물 처리시설의 확충과 관련된 홍보 및 교육의 강화, 기피시설 입지과정에서의 주민참여 확대 및 수혜지역과

---

7) Rawls(1971)의 정의의 원칙 중 첫 번째 원칙은 모든 사람이 동등한 만큼의 기본적 자유(basic liberty)에 대한 사전적 권리(prior right)를 가져야 한다는 것이다.

입지지역 간의 교차보조제 도입 등을 강조하고 있다.

(4) 의식의 전환

지역갈등을 완화 내지 해소하기 위해서는 갈등의 당사자들, 더 나아가서는 전체 국민의 의식 전환이 수반되어야 한다. 의식의 전환이라고 해서 사회구성원들의 윤리나 도덕수준이 높아야 함을 전적으로 의미하는 것은 아니다. 사회구성원들의 도덕수준이 높아서 타인의 입장에서 사물을 바라보고 행위를 하게 되면 우리는 바람직하지 못한 외부효과를 상당부분 내부화할 수 있고, 따라서 지역갈등의 완화 내지 해소에 기여할 수 있다. 하지만 보다 중요한 것은 지역갈등의 원인 제공자가 대부분 우리 모두라는 인식의 전환을 통해 '우리의 문제'라는 공동체 의식과 '우리 모두를 위해 앞으로 무엇을 어떻게 해야 하는가'라는 공동선을 추구하는 의식이다. 지금 극심한 지역갈등 형태로 표출되고 있는 핵발전소나 핵폐기물 매립지의 입지문제, 기타 일반폐기물이나 산업폐기물 매립지와 소각시설에 대한 입지문제 등은 정도의 차이는 있겠지만 궁극적으로는 우리 모두가 원인 제공자라 할 수 있고 따라서 우리 모두의 책임으로 볼 수 있다.

지역갈등 현상은 선진 산업사회나 개발도상국을 막론하고 공통적으로 직면하는 문제이지만, 특히 우리나라의 경우에는 과거 수십 년간에 걸쳐 시민에 대한 공공부문의 관여 내지 의사전달이 일방적인 홍보나 선전에 치우쳤던 감이 있어, 진정한 의미에서의 공공관계(public relations) 형성이 미약했고 결과적으로 쌍방의 불신의 정도가 깊었다. 따라서 지역적인 갈등사안이 건설적으로 해결되는 경우는 드물고 대부분 파국적인 갈등으로 귀결되는 경우가 적지 않았다. 따라서 이 문제를 근원적으로 풀어 가기 위해서는 우리 모두의 의식이 전향적으로 바뀌어서 상대편의 권리나 의무, 입장에 대해 진정한 이해가 수반되어야 한다. 그와 같은 과정을 통해 자기책임원리의 확립 등 기본적인 행위 기준이 정립될 수 있을 것이다.

장기적으로, 지역갈등은 결국 양보와 타협을 축으로 하는 중재와 협상을 통해서 상당부분 해결해야 할 것으로 보인다. 갈등을 법정으로 가져가서 해결하는 경우도 있겠지만, 그럴 경우 비용, 시간, 감정상의 앙금 등 그 피해가 쌍방 모두에게 적지 않은 것이 대부분이다. 중재와 협상이 결렬되고 법정싸움으로 치달을 경우 갈등이 격화되어 나중에는 무엇을 위한 갈등이었는지도 불분명한 상태에 빠지기 쉽다.

지역갈등 해소의 전략과 한계

옥스포드 사전에는 '전략(strategy)'이란 말을 "적과 싸움에 있어서 자신에게 가장 유리한 시간, 장소, 그리고 상황을 만들기 위하여 제반 자원을 배치 내지 관리하는 전쟁기술 또는 계획"으로 규정하고 있다. 그런데 오늘날에는 군사뿐만 아니라 정치 · 경제 · 통상 등 여러 분야에서 어떤 목표를 달성하기 위한 계획이나 행동을 뜻하는 일반용어로 널리 사용된다.

현대적인 의미로 전략이란 이미 수립된 목표를 달성하는 과정에서 최선의 수단을 찾아가는 일련의 행동계획으로 볼 수 있다. 전략은 미래지향적이고, 정책이나 사업계획에 대해 포괄적인 접근을 하는 것이다. 전략은 지식과 행동, 이론과 실천을 연계시켜 가는 것이기 때문에 현상에 대한 이해와 전략대상 및 전략대상을 둘러싸고 있는 환경에 대한 파악이 중요하다. 이와 같은 과정을 통해서 기술적으로 합리적인 행동계획이 수립될 수 있다. 지역갈등 해소의 전략과 한계는 다음과 같다.

(1) 지역갈등 해소의 전략

지역갈등 해소의 전략은 지역갈등의 완화 내지 해소 목표를 달성하기 위한 최선의 수단 또는 행동계획에 대한 것임을 알 수 있다. 지역갈등 완화 내지 해소 전략은 분류기준에 따라 간접적인 전략과 직접적인 전략, 사전적인 전략과 사후적인 전략, 경제유인적인 전략과 비경제적인 전략 등으로 나누어 볼 수 있다. 여기서는 시행 가능한 중요 수단들을 간접적인 것에서부터 보다 직접적인 것에 이르기까지 검토하고자 한다. 이와 같은 구분은 절대적인 구분이 아니고 각 전략수단이 상당부분 상호 연계 내지 중첩되어 있는 것이다. 보상이라는 것도 광의로는 금전이나 현물보상뿐만 아니라 참여와 연계 등을 포괄하는 개념이기 때문이다.

가. 교육 및 홍보

지역갈등의 원인에 대한 분석에서 밝혀졌듯이 갈등의 상당부분은 오해 내지 이해의 부족에서 비롯된다.[8] 정확한 이해의 결여로 상호 간에 불신이 증폭되는 경우에는 교육 내지 홍보를 통해서 이해와 신뢰의 수준을 제고할 수 있다. 교육과 홍보는 진실된 정보를 정확하게 전달해서 대상자의 문제발견 능력 및 해결능력을 높이는 활동이라는 점에서, 자신의 이익을 위해 과장되고 왜곡된 정보라도 서슴없이 전달하는 광고 선전활동과는 구별된다. 그런데 교육 및 홍보는 해당 지역사회 주민들에 대한 일방적인 것이어서는 안 된다. 사업시행자나 관련자에 대해서도 시설의 장·단기적인 안정성 여부와 관리대책에 대한 충분한 교육 및 홍보가 필요하다. 핵폐기물 매립지의 입지결정

8) 1979년 미국 TMI(Three Mile Island) 원자로 사고 시 언론매체가 경쟁적으로 그 사안을 다룸으로써, 원자로의 노심이 녹아서 치명적인 결과가 초래될 확률에 대한 일반인들의 인식은 대략 1%에서 10%에 이르렀다. 그런데 노심이 실제로 용융(meltdown)할 가능성은 약 0.0001%에서 0.001%에 불과한 것으로 알려져 있다(Wolf, 1990 : 56).

과정이나 기타 건강상 위해 가능성이 높은 시설입지 과정에서 드러나듯이 사업시행자들이 내재적으로 그 시설의 장·단기적인 안전성에 대해서 충분한 사전지식이나 확신 없이 문제에 접근함으로써 주민의 지지를 끌어내는 데 전혀 도움이 되지 못하는 경우를 자주 볼 수 있다.

교육 및 홍보는 결코 임시방편적인 활동이 되어서는 안 된다. 장기간에 걸친 계속적인 활동을 통해서만 교육 및 홍보가 꽃필 수 있다. 최근 정부가 발표하는 자료나 기타 통계에 대해 일반 국민들의 인식이 상당부분 개선되었지만 유독 기피시설 관련 정보에 대해서는 아직까지 신뢰도가 높지 못한 상황이다. 이와 같은 상황을 개선해서 신뢰도를 높여 가기 위해서는 행정의 공개성이나 투명성이 높아져야 할 것이고 정보화시대에 걸맞게 정보전달망의 체계적 정비 또한 필요할 것으로 판단된다.

그런데 교육 및 홍보는 간접적인 방안이기 때문에 갈등이 표면화되고 난 뒤에는 효과가 미미하다. 따라서 갈등이 표면화되기 전에 미리 시간적 여유를 갖고 장기적으로 대처해야 한다. 지역갈등을 완화 내지 해소하기 위해서는 궁극적으로 사람들의 인식 및 행태를 변화시켜야 하므로 비록 장기간이 소요된다 하더라도 인간의 태도변화이론에 입각해서 유치원생이나 초등학생 같은 어린 학생들을 대상으로 현재와 미래의 훌륭한 시민이 갖추어야 할 기본자질을 교육하면 장기적으로 큰 효과를 기대할 수 있을 것으로 보인다.

나. 연계

지역갈등의 완화 내지 해소에 친숙함이 중요한 역할을 하는 것으로 알려져 있다. 지역갈등은 오해나 이해 부족, 신뢰감 상실 등으로 빚어지는 경우가 적지 않은데, 그와 같은 경우 시행기관이 해당 지역사회와의 연계(連繫)관계를 원만하게 형성하고 있으면 갈등의 완화 내지 해소에 큰 도움을 받을 수 있다.

지역사회 연계는 주민기피성 공공시설의 입지지정 이전에 형성되어 있는 것이 바람직하다. 하지만 한편으로 기존 시설을 운영하는 과정에서 운영관리를 체계화하고 부의 외부효과 발생을 최소화하기 위한 노력을 적극적으로 함으로써 연계성을 제고할 수 있다.[9)]

주민기피성 공공시설이라 하더라도 그 시설은 대개 다양한 특성을 가지고 있다. 규모가 아주 큰 시설이 있는가 하면 그렇지 않은 것도 있고, 특정 지역사회 또는 여러 지역사회에서 하나만 있어도 되는 시설이 있는가 하면 그렇지 않은 것도 있다. 또한 한시적으로만 부정적인 영향이 있는 것과 오랜 세월에 걸쳐 부정적인 영향이 지속되는 것이 있다. 이와 같이 다양한 특성을 가지고 있는 시설의 설치 및 운영관리를 능숙하게 함으로써 자연스럽게 지역사회 내부 주민의 수용성을 높일 수 있고, 또한 여러 지역이 동시에 연계되어 있는 문제의 해결과정에서 보다 능동적으로 대처할 수 있다. 가령 서구사회의 잘 정비된 정신병원이나 약물중독 치료센터와 같이, 시설의 외관을 멋지게 함으로써 지역사회의 수용도가 높아진다면 시행기관으로서 의당 그에 대한 배려를 해야 할 것이다.

지역사회 연계를 조금 더 진전시키면 해당 지역사회와의 단선적인 관계뿐만 아니라 복수의 실체 간에 그물(web)형태의 네트워크 관계를 수립해 갈 수 있다. 다수 지역에 존재하는 여론 형성력과 선도력이 있는 실체, 예컨대 전문가, 학자, 비영리 시민단체, 언론매체, 의회 등과 행정기관이 공식 · 비공식 채널을 확보하고 있으면 지역갈등이 '모두가 바라지 않는 결과'로 치닫게 될 가능성을 크게 줄일 수 있을 것으로 예상된다.

미래사회는 어차피 지식과 정보의 흐름이 사회 각 구성실체 간에 동시에,

---

9) 폐기물처리시설 설치촉진 및 주변지역지원 등에 관한 법률 제25조 주변영향 지역주민의 상주감시원 고용규정 등은 지역사회와의 연계성을 제고하는 데 기여할 가능성이 높다.

그리고 다량 전달되는 네트워크 사회로 이행할 것으로 예상되지만, 지역갈등과 같은 미묘한 사안은 특히 직접 관련 당사자 집단 간뿐만 아니라 간접적으로 영향력이 큰 집단들도 포괄하는 연계체계가 수립되어 있어야 할 것으로 보인다. 그 한 과정으로서 지역사회의 지도급 인사들로 자문위원회를 구성하여 자문위원을 통한 지역사회 설득이 가능할 것이다. 때로는 반대의 목소리가 가장 큰 사람을 지역자문위원으로 임명함으로써 반대의 긴장을 완화할 수도 있다. 지역 간 갈등의 경우에는 특히 개별 지역에 이미 형성되어 있는 비슷한 성격의 지역 자문위원회들을 활용하여 대타협을 유도할 수 있으리라 기대된다.

지역사회 연계는 시간과 노력이 많이 들고 충분한 준비가 따르지 않으면 오히려 주민의 반감을 불러일으킬 수도 있다. 하지만 향후 지역갈등의 해결과정에서 지역사회 연계를 소홀히 한 상태로는 문제가 해결될 수 없는 상황으로 사회전체가 이행하고 있기 때문에 시행기관으로서는 원하건 원하지 않건 간에 이 문제에 보다 적극적으로 대처하지 않을 수 없을 것으로 보인다.

다. 보상

주민기피성 공공시설은 부의 외부효과로 인해 부담과 편익이 불일치하는 시설들이다. 그와 같은 시설들의 특성이나 필요성을 교육 및 홍보, 그리고 지역사회와의 연계관계 제고 등을 통해 보다 명료하게 밝힘으로써 불필요한 반대논의를 최소화할 수 있을 것이다. 그러나 그 서비스의 속성상 시장의 움직임만으로는 문제가 해결되기 어렵다. 따라서 시행당국에 의한 보상문제가 부의 외부효과를 상쇄하기 위해 중요하다. 보상이라고 해서 그것이 반드시 경제적인 보상을 의미하는 것은 아니다. 그것이 적정한 수준인 한, 비경제적인 보상도 경제적인 보상을 보완해서 주민의 반대를 완화 또는 해소하는 기능을 할 것이다.

주민참여의 길을 열어 놓음으로써 시행당국이 주민들의 의사를 경청할 자세가 되어 있다는 것을 보여줄 수 있다. 주민기피성 공공시설의 설계 및 운영특징에 관련되는 정보를 제공하고, 조경, 주차시설, 운영시간의 조절 등이 가능할 것이다. 이에 더하여 가능할 때에는 언제든지, 시행당국이 현재는 주민기피성 공공시설을 설치하고자 하지만 장차 그 지역사회에 도움이 될 수 있는 길을 모색할 것임을 보여주어야 한다. 예컨대 폐기물 매립지의 경우 매립이 완료된 후 그 시설을 공원으로 개발할 것이라든지 하는 계획을 계획 초기단계에서 구체적이고 명시적으로 밝힘으로써 반대를 줄일 수 있을 것이다.

토지수용법에 따른 보상의 구체적인 절차는 당사자 간의 협의, 중재 또는 소송의 방법으로 나타날 수 있다. 당사자 간의 협의가 성립할 때 그 법률적 성격은 대통령령이 정하는 바에 의한 협의보상(토지수용법 제25조 제1항)이라는 측면에서 공법상 행정계약으로 이해되고 있다(한견우, 1992 : 795). 경상북도 시·군 공무원들을 대상으로 설문조사한 협의의 성공요인들은 [표 1-1]과 같다.

[표 1-1] 협의의 성공요인

요인	도수(명)	백분율(%)
공정한 보상기준의 개발	34	48.6
관련법규의 정비	6	8.6
시행기관과 주민 간에 기존에 형성되어 있던 유대감	10	14.3
지역주민 의사를 대변할 수 있는 협의체의 존재	17	24.3
기타	3	4.3

박종화(1993), 폐기물 매립지와 적정보상, 「국토계획」, 28(4) : 68.

[표 1-1]에 의하면 피조사 공무원들은 협의의 성공요인으로 공정한 보상

기준의 개발(48.6%), 주민협의체의 존재(24.3%), 시행기관과 주민 간의 기존의 유대감(14.3%)을 중요한 요인으로 인식하고 있음을 알 수 있다.

라. 중재 내지 협상

지역갈등의 해결과정은 갈등의 불완전한 해결(quasi-resolution of conflict)로 귀착되기 쉽다. 왜냐하면 집단 간에 발생하는 갈등은 공통 목표라는 단일 기준에 의해 완전히 해결되기보다는 당사자 간의 교섭과 양보를 내용으로 하는 협상을 통해서 대개 잠정적으로 해결되기 때문이다. 이와 같은 해결방안은 갈등이 잠재되어 있다는 점에서 한계가 있지만 사회적인 공통목표에 대해 당사자 집단이 공유하는 가치가 한계가 있을 때 거의 불가피한 선택으로 생각된다. 특히 갈등의 영역이 거대해져서 개별 참여자들이 자신이 속해 있는 현재의 위치와 현상에만 집착하고 전체적인 움직임을 소홀히 하는 경우에는 갈등의 근본적인 원인을 해결하기보다는 지엽적인 문제에 집착하거나 국지적 합리성 추구에 머무르기 쉽다. 따라서 갈등 해결을 위해 법정에 가기 전 시행당국이나 주민이 아닌 제3자 기관 또는 집단을 통해 문제에 접근할 필요가 있는데, 이것이 바로 중재(mediation)이다.

중재란 갈등상황에 있는 문제에 대한 새로운 선택기회를 중립적인 제3자를 이용하여 비대결적인 탐색으로 찾아내는 것으로서 비용과 시간, 이 두 측면 모두에서 소송보다 유리하다. 협상과정에서 중재방식을 활용함으로써 양극화된 갈등을 해결한 사례들이 적지 않다(Madigan et al., 1990). 중재자는 편중된 의견이 아닌 조정된 안을 제시하기 위해 사실에 입각한 행동원칙을 수립하고 이해 관계자들의 대립되는 이해의 범위를 명확하게 할 필요가 있다. 이와 같은 기능을 달성하기 위해 제3자적인 입장을 지닌 기관이 필요하며, 소요비용은 공적 기금을 조성하여 충당해야 할 것으로 생각된다.[10]

협상이 당사자 간에 직접 이루어지는 경우도 있지만, 지역갈등과 같이 집단적인 형태의 공공문제에는 대개 중재의 형태를 취하게 된다. 중재협상(mediated negotiations)의 구체적인 단계에 대해서 여러 학자들이 다양한 절차를 제시하고 있지만 여기서는 대략 아래의 12단계로 나누어 검토한다(Madigan et al., 1990 : 10-38; 권원용, 1993 : 12; 이종규 외, 1994 : 112-114).

마. 중재협상의 단계

A. 사전준비단계

① 협상착수 여건분석

② 이해관련 집단 식별과 대표자 선출

③ 공정한 중재자 모집 및 선택

④ 회의 규칙과 의제설정

⑤ 정보수집과 현장답사

B. 협상 및 합의형성단계

⑥ 단일 협상계획서 작성

⑦ 잠정합의안 모색

⑧ 최종합의안 작성

⑨ 검토 후 서명

---

10) 중재활동에 있어서의 경비충당 방법은 서구사회에도 단일한 형태로 정해져 있는 것은 아니다. 미국의 경우 중재인들이 자신들의 시간임금을 청구하는 경우도 있고 그렇지 않은 경우도 있다. 하지만 자신들의 활동비(여비, 식비, 자료비, 우편비용 등)와 부하직원의 일당은 대개 민간비영리재단으로부터 받은 보조금으로 충당하고 있다. 합병(annexation)과 같이 자치단체 간 갈등의 경우에는 관련 자치단체들끼리 반반씩 중재경비를 부담하는 경우도 있다. 중재를 통해 협상을 성공시킨 대표적인 사례로 손꼽히고 있는 위스콘신주 세이무어 타운(Seymour, Wisconsin)의 폐기물 매립지 사건에서는 민간비영리재단인 포드재단(Ford Foundation)이 중재경비를 지원했고, 버지니아주 리스버그 타운(Leesberg, Virginia)의 합병문제에서는 관련 자치단체들이 공동으로 경비를 부담하였다(Madigan et al., 1990 : 10-23).

C. 실행 및 평가단계

⑩ 합의내용의 공식화

⑪ 점검 메커니즘의 작동

⑫ 사후평가

우선 사전준비단계에서는 협상을 시작하기 위해 갈등의 성격 및 협상 가능 범위를 명료화한다. 이해관련 집단을 식별하고 협상대표를 선출한다. 양측이 동의할 수 있는 공정한 중재자를 모집해서 선발한다. 그리고 협상규칙 및 시간계획을 마련하고 협상의제를 설정한다. 여기서는 대개 장차 있을 본격적인 실무협상을 지원할 수 있도록 이용 가능한 자원의 확인, 관련 정보의 수집, 공동 현장답사를 통한 사실 확인 작업 등이 따르게 된다. 그리고 협상경험이 별로 없는 당사자들에게는 기본적인 협상기법에 대한 교육이나 훈련을 실시하는 경우도 있다.

다음으로 협상 및 합의형성단계에서는 우선 합의를 용이하게 추진하기 위해 상호 기본 입장을 밝힌 후, 그것을 토대로 단일화된 협상계획서를 작성한다. 그 계획서를 기초로 중재자는 양측의 드러나지 않은 이해관계를 탐색하면서 양측 모두에게 이익이 되는 잠정합의안을 만든다. 이를 기초로 최종합의서를 작성하고 서명을 받게 된다. 필요하다면 대표자 간의 합의가 소속집단의 추인을 받을 수 있도록 환류과정을 거친다.

그 다음은 협상의 실행 및 평가단계이다. 이 단계에서는 합의안의 실천성을 제고할 수 있도록 당사자 간의 준수의무를 부과(예 : 이행조건부 기탁금)하고 이와 같은 사실을 공표한다. 또한 그 안이 제대로 실행되고 있는지에 대한 점검 메커니즘을 작동시킨다. 끝으로 전체 협상과정을 사후적으로 평가한다.

환경갈등을 해결하기 위한 환경갈등조정위원회의 알선, 조정, 재정 절차나 현행 토지수용법 제25조의 2와 3의 토지수용위원회에 의한 재결은 중재의 형태로 볼 수 있다.[11] 그런데 다양한 원인과 형태로 나타나고 있는 지역갈등을 해결해 나가는 과정에서 향후 중재기관의 적극적인 역할이 기대되고 있는 상황이기 때문에 이에 대한 보다 적극적인 고려가 있어야 할 것으로 판단된다. 지역갈등상의 여러 문제가 상당부분 정치적 과정을 통해 여과될 수 있다는 점과, 지역주민의 의사를 공식적인 절차를 통해 결집시킬 수 있다는 측면에서 지방의회나 지역문제에 영향력이 있는 정치가들이 하나의 중재실체로서 상당한 역할을 할 수 있을 것으로 기대된다. 그러나 현실적으로 지방의회나 지역정치가들이 또 다른 집단이기주의의 형태로 갈등의 원인이 될 수 있다는 점이 지적될 수 있기 때문에 새로운 실체의 형성 또한 고려될 수 있을 것으로 보인다. 현재 각 분야의 전문가 내지 여론 형성자 역할을 하는 집단을 포괄하여 미래 지향형 위원회 형태로 조직해서 활용하는 경우가 있으므로 그와 같은 조직을 활성화시켜 나가는 것도 한 방법이 될 것이다.

바. 소송

이해 관계자 사이의 권리갈등은 궁극적으로 법원의 판단에 의존하게 된다. 특히 공공시설 설치에 따른 지역갈등은 법원이 인근주민의 권리를 확인하고 시행기관의 보상(또는 배상) 책임을 선언함으로써 당해 갈등을 대부분 해소할 수 있고, 더 나아가서 미래의 유사사안에 대한 권리와 의무를 획정하는 역할을

---

11) 환경갈등조정위원회는 알선(斡旋), 조정(調停), 재정(裁定)의 세 가지 기능을 수행한다. 알선은 이해 당사자 사이의 문제를 대화로 해결하도록 위원회가 촉구하는 방식이다. 당사자 사이의 대화로 갈등이 제대로 해결되지 않을 때, 조정위원회가 독자적으로 사실조사를 하여 조정안을 작성하고 그 안을 이해 당사자들에게 통보하고 일정기간 이내에 이의제기가 없는 경우에는 조정안대로 합의가 이루어진 것으로 간주한다. 그리고 이 조정안에 대해 이의제기가 있는 경우에는 중앙조정위원회가 소송에 준하는 절차를 거쳐 가해자의 손해배상 책임 여부와 배상액을 재정하여 이를 관계자가 수락하도록 한다. 물론 이 재정안에 불복하는 당사자는 사법적 절차에 따른 소송을 제기할 수 있다(최병선, 1992 : 616).

한다. 소송을 통해서 보상(또는 배상) 책임을 부담하게 된다거나 또 그 과정에서 시행기관의 실책에 대해 언론이 부정적인 보도를 함으로써 여론이 부정적으로 흐를 경우에는 시행기관이 이런 갈등을 사전에 예방하기 위한 제반 조치를 보다 적극적으로 강구하게 하는 유인을 부여하기도 한다.

그러나 지역갈등, 특히 환경문제로 인한 갈등의 경우에는 인과관계의 입증이 대단히 어려운 경우가 적지 않다. 소음이나 진동과 같이 인과관계를 비교적 쉽게 입증할 수 있는 공해가 있는 반면, 물이나 대기와 같이 여러 원인이 복합적으로 영향을 미치는 경우에는 인과관계의 입증이 용이하지 않다. 따라서 이 경우에는 소송에 있어서 인과관계의 입증책임이 어디에 있느냐 하는 것이 주된 이슈가 된다. 우리나라는 오염행위와 피해행위가 과학적으로 엄격할 필요는 없고 침해행위와 피해 사이에 인과관계가 존재할 만한 상당한 가능성, 즉 개연성이 있다는 입증만으로 인과관계의 성립을 인정하는 추세이다. 즉 피해자의 입증책임을 경감시켜 주는 추세에 있다(최병선, 1992 : 612-614).

소송으로 해결할 수밖에 없는 문제가 있고, 또 소송이라는 방법에 장점이 없는 것은 아니지만, 환경갈등과 같은 문제를 소송에 의지해 처리하려 할 경우 우리는 대개 엄청난 소송비용과 소송기간의 장기화 문제에 직면하게 된다. 결과적으로 소송에 의한 권리구제를 포기하는 문제와 또한 빈번한 소송으로 인한 엄청난 사회적 비용을 초래하는 문제에 직면할 수 있다. 소송은 거의 언제나 지역사회를 통합하고자 하는 목표에 역효과를 나타내고, 또한 법정에서 사안이 논의되는 동안 시설의 개소를 지연시키는 경향이 있다(Dear, 1992 : 297). 이와 같은 문제를 회피하면서 환경갈등을 처리하고자 만들어진 제도가 바로 앞에서 언급한 환경갈등조정위원회 제도이다.

(2) 지역갈등 해소 전략의 한계

이제까지 지역갈등 해소 전략을 간접적인 것에서부터 보다 직접적인 것에 이르기까지 검토하였다. 그런데 실천적인 측면에서 지역갈등 해소 전략이 안고 있는 애로점 내지 한계가 적지 않다. 이와 같은 사항들을 정리하면 다음과 같다.

첫째, 지역갈등 해소 전략의 성공적인 추진과정에, 중재나 협상과정의 주된 핵이라고 할 수 있는 정치 지도자들의 이해와 지속적인 참여가 중요하다. 그런데 실제 많은 경우에 있어서 지역갈등은 대개 관여하고 싶지 않은 문제이기 때문에 갈등사안을 덮어 두거나 미루고자 하는 유인이 생기고, 결과적으로 정치 지도자들의 이해와 참여가 형식적인 수준에 그침으로써 정치적 리더십이 발휘되기 어렵다.

둘째, 현재 우리가 직면하고 있는 지역갈등의 환경은 대부분 고정적이라기보다는 유동적이다. 특히 정보화와 개방화의 흐름 등에 의해 어떤 새로운 흐름에 대한 대비책이 미처 자리 잡기도 전에 상황 자체가 변해 버리는 경우가 적지 않다. 따라서 어떤 대안이 가져올 결과 역시 불확정적인 경우가 대부분이므로 시행 당사자는 장기적인 전략보다는 단기적인 전략에 집착하기 쉽고 창의적인 방법보다는 관례적인 표준운영절차(SOP)에 매달리기 쉽다.

셋째, 실현가능성이 높고 체계적으로 통합된 지역갈등 해소 전략을 수립하기 위해서는 분야별 전문지식은 물론이고 체계적인 통합능력을 갖춘 인적 구성원들이 필요하다. 그런데 인사관리제도의 미숙으로 상대적으로 능력이 떨어지는 요원들이 갈등 해소 전략을 담당하는 업무에 채용 및 배치되거나 또는 훈련과정이 제대로 운영되지 못하는 경우가 흔해서, 실현가능성이 낮은 갈등 해소 전략이 수립되는 경우가 많다.

넷째, 지역갈등 해소 전략은 흔히 종합적인 접근을 요함으로써 관련 행정기관도 단일한 경우보다 복수인 경우가 많다. 그런데 행정관리적인 측면에서 부서 간 갈등이나 할거주의 경향으로 갈등 해소 전략이 제대로 집행되지 못하는 경우가 허다하다.

다섯째, 지역갈등 해소 전략은 대개 현실을 토대로 미래를 지향하는 것이다. 따라서 수립 및 집행과정이 장기간을 요하는 경우가 적지 않다. 그런데 정치 지도자들은 자신의 임기와 선거를 의식해서 단기간에 가시적인 성과를 기대하기 쉽다. 따라서 이와 같은 한계 속에서 지역갈등 해소 전략이 수립되고 집행될 수밖에 없다는 측면이 한계점으로 지적될 수 있다.

정책적 시사점

우리가 직면하고 있는 대부분의 지역갈등은 어떤 하나의 개별 사건으로 보기 어려운 것이 사실이다. 여러 가지 원인들이 복합적으로 영향을 미쳐 가시적 또는 잠재적인 현상으로서 나타나고 있는 것이 바로 지역갈등이다. 결국 이와 같은 문제를 해결하기 위해서는 얽힌 실타래를 풀듯이 꾸준히 하나씩 하나씩 현재 직면해 있는 문제점과 예상되는 문제점을 풀어 가는 방법밖에 없다. 왜냐하면 이것은 어떤 하나의 사건이나 문제라기보다는 여러 원인들이 복합적으로 연계되어 나타나는 현상이기 때문이다. 그리고 또 다른 한편으로 우리가 향유하고 있는 현대생활의 편리함, 신속성, 자율성, 개방성, 쾌적성 등에 따르는 비용측면으로 이해할 수 있기 때문이다.

주민 기피성 공공시설이 우리 생활주변에 자리 잡아 온 과정은 크게 세 단계로 구분해 볼 수 있다. 첫째는 사회적 필요성이라는 명제가 강력해서 주민들의 산발적인 반대가 유효하지 않고 심지어 사회적 비난의 대상이 되었던 시기이다. 그러다가 정치적 · 경제적 · 사회문화적 환경의 변화와 함께 주민들의 반대가 점점 조직화되고 주민기피성 공공시설 역시 수나 양에서 급격하게 증가하는 두 번째 단계로 이행하게 된다. 이 단계에서는 기피시설 인근지역에 거주하지 않는 사람들도 점차 기피시설과 관련한 부정적인 외부효과를 자신들의 문제로 인식하게 된다. 따라서 시행당국은 시설계획과정에서 주민이란 새로운 변수를 고려하지 않을 수 없다. 그러나 이 단계에서도 주민은 대개 수동적이면서 고정적인 형태로 존재하는 실체로 인식됨으로써 진정한 의미의 문제해결 당사자로 받아들여지지 못한다. 최종적으로, 세부적으로는 그것이 어떤 기준이든 소수가 다수를 이용해서 부당한 편익을 얻을 수 없듯이 다수가 소수를 이용해서 부당한 혜택을 누릴 수 없는 세 번째 단계로 이행하게 된다. 이 단계에서는 부담과 편익의 일치라는 명제하에서 지역갈등을 풀어가는데 갈등의 당사자, 특히 지역주민이 진정한 의미의 문제해결 당사자로 등장함에 따라 협상을 통한 문제해결 방식이 주로 활용된다.

이와 같은 맥락에서, 여기서는 우선 지역갈등의 원인을 시행기관, 지역사회, 환경, 중재기관으로 체계화해서 검토하고, 지역갈등의 완화 내지 해소과정에서 지침으로 활용할 수 있는 지역갈등 해소의 기본방향으로 공익과 사익의 조화, 사회적 형평성의 제고, 합리적인 제도의 형성, 의식의 전환을 제시하였다. 그리고 실천적인 측면에서 한계점이 없는 것은 아니지만 지역갈등의 완화 내지 해소과정에서 사용할 수 있는 전략수단으로서 교육 및 홍보, 연계, 보상, 중재 내지 협상, 소송 등을 논의하였다.

여기서 얻을 수 있는 정책적 시사점을 정리하면, 주민기피성 공공시설의 입지지정과 관련하여 입지의 필요성, 환경적인 영향, 관리운영 프로그램 등 관련정보를 다양한 채널을 이용하여 미리 정확하게 전달하고 이해 당사자 집단의 협력을 구하며, 필요한 경우에는 다양한 보상방법을 동원하여 궁극적으로 부담과 편익의 일치를 기하도록 노력해야 한다는 것이다. 갈등의 해결방법으로서는 중재형태를 이용하는 협상방식이 주요한 수단으로 등장할 것으로 예상되는데, 그와 같은 방식이 제대로 기능을 발휘할 수 있는 합리적인 제도의 형성이 필요하다. 그리고 지역갈등의 해결은 흡사 헐벗은 산에 나무를 심어서 이삼십 년 후에 푸른 산을 얻는 것과 마찬가지로 인내심을 갖고 꾸준히 노력해야 할 복잡하고 어려운 사안이라는 것을 우리 모두가 인식할 필요가 있다. 의식과 행태의 전환은 어느 한순간의 선전이나 구호로 해결되기 어렵고, 괴롭고 힘들더라도 장기간의 교육이나 홍보로 결실을 맺을 수 있기 때문이다.

제2장

기피시설의 입지갈등과 중재협상

현대 산업사회에서 사람들은 다양한 서비스 시설을 필요로 한다. 그 서비스 시설들은 속성에 따라 또는 경제적 효율성에 따라 그 특성이나 규모가 다양하게 나타난다. 서비스 시설의 속성상 근린주민들이 선호하는 시설이 있는가 하면 반대하는 시설도 있고, 또 그 속성이나 경제적 특성에 따라 규모와 개수가 다양하게 나타난다. 그런데 사람들이 필요로 하는 서비스 시설들은 그 시설별 특성에 따라 존재하고 있고 또 존재해야 하는데, 문제는 그중 일부는 입지하는 지역의 근린주민들이 선호하지 않는 시설들이라는 점이다. 바로 여기서 주민기피시설의 입지갈등 문제가 시작된다.

다양하고 복잡하게 나타나고 있는 주민기피시설의 입지갈등 문제는 우리나라만의 문제는 아니고 정도의 차는 있지만 산업화된 사회에서 거의 보편적으로 나타나고 있다. 원자력 발전소, 폐기물 매립지나 소각시설, 변전소, 댐, 고가도로, 정신병동 등등 정도의 차는 있지만 주민기피시설과 그에 따른 입지갈등 문제는 우리의 일상생활에서 이제 특별하거나 희귀한 사건이 아닌 거의 일상화된 사안으로서 나타나고 있다. 그런데 이와 같은 입지갈등은 거의 불가피한 측면이 없지 않지만 갈등의 속성상 소모적이고, 경우에 따라서는 파괴적인 결과를 초래하여 관련 당사자 모두에게 바람직하지 않은 결과를 초래하는 경우가 대부분이다. 그리고 이와 같은 입지갈등 문제는 사회전체의 개방화와 정보화 추세 등과 함께 양적 측면에서 확대되고 있고 질적 측면에서 점점 더 복잡하게 진전되고 있는 상황이다. 따라서 이와 같은 입지갈등 문제를 적절하게 해결할 수 있는 방안을 모색하는 것은 현대 행정이 직면하고 있는 주요한 과제 중의 하나로 볼 수 있다.

주민기피시설의 입지관련 갈등문제는 정부와 주민 간의 관계로 한정되는 것은 아니다. 정부와 정부 간이나 주민과 주민 간에도, 빈번한 것은 아니지만, 기피시설의 입지관련 갈등문제가 제기될 가능성이 얼마든지 있다. 특히 우리나라의 경우 1995년부터 자치단체장이 임명직에서 선출직으로 바뀜으로써 정부와 정부 간의 입지갈등 문제가 새로운 형태로 제기되고 있는 것이 사실이다. 하지만 기본적으로 정부와 정부 간의 입지갈등 문제는 비용부담 관계를 통한 경제적인 문제나 행정 제도적인 문제가 대부분이고, 그 갈등은 제3자의 개입을 통한 중재방식보다는 공식적인 채널을 통한 단선적인 방식으로 해결되는 경우가 대부분이다. 그리고 주민 간의 입지갈등 문제는 기본적으로 시장메커니즘의 질서와 해당 집단들 간의 문제로 한정되는 경우가 대부분이다. 따라서 주민기피시설의 입지갈등과 중재협상의 의미를 분석하고자 하는 제2장은 주로 시행주체로서의 정부와 시설입지대상지구의 피해자로서의 주민 간의 입지갈등 문제에 초점을 둔다.

점증하고 있는 주민기피시설의 입지갈등 문제는 종합적이고 체계적인, 그러면서도 아주 탄력적인 접근이 필요한 사안이다. 하지만 현재까지의 주된 연구경향은 선진 산업사회나 개발도상국을 막론하고 '문제가 있으면 그에 따른 최선안이 있게 마련이다'는 식의 기계적이고 정태적인 접근방법이 주류를 이루어 왔던 것으로 보인다. 따라서 여기서는 주민기피시설의 입지갈등과 그 해소과정은 갈등의 불완전한 해결(quasi-resolution of conflict)로 귀착되기 쉽다는 것을 전제로, 동태적인 상황하에서 유연하고 탄력적인 입지갈등 해소 방안을 검토하고자 한다.

우리나라의 경우 1980년대 후반부터 1990년대에 들어서면서 주민기피시설의 입지갈등 문제가 현실적이고 실제적인, 그러면서도 시급한 사회문제로 등장하고 있다. 따라서 이와 같은 문제를 이해하고 그 해결방향을 모색하기 위해서는 우선 주민기피시설의 입지갈등의 원인에 대한 심층적인 분석에서부터 그 입지갈등의 정도 내지 현황, 그리고 그 해결방안에 대한 포괄적인 분석 및 진단이 필요하다. 따라서 여기서는 이와 같은 논제를 특히 주민기피성이 있는 공공시설의 입지와 관련된 갈등의 완화 내지 해소과정에서 중재협상의 의미를 논의하고자 한다. 보다 구체적으로, 우선 주민기피시설의 입지갈등을 분석하고, 이어서 주민기피시설의 입지갈등에 대한 기존의 대처방식을 검토한 다음, 합의형성과정으로서의 중재협상의 의미를 종합적으로 밝히고자 한다.

우리나라의 경우 주민기피시설의 입지갈등에 대한 분석 내지 대안모색이 현실적인 수요에 대한 반응으로 1990년대에 들어서서 비교적 많이 소개되고 있다. 하지만 중재협상과 관련된 문헌들은 단편적인 분석들을 제외하고는 드문 편이다. 그러나 서구 산업사회에서는 1980년대 들어서서 개발관련분쟁 및 환경분쟁과 님비(NIMBY)현상에 대한 분석 등과 함께 중재나 협상관련 연구들이 계속적으로 소개되고 있다. 그중 Susskind(1983), Blackburn(1988), 그리고 Madigan et al.(1990) 등은 환경문제와 관련된 지역갈등 내지 분쟁을 해결하기 위한 방안으로서 중재나 협상과정에 대한 관련 연구를 제시하고 있다.

기피시설의 입지갈등

(1) 입지갈등의 원인

주민기피시설에 대한 입지갈등은 기본적으로 관련시설의 입지로 인식되는 부정적인 효과의 크기가 긍정적인 효과의 크기를 초과하기 때문에 발생한다. 보다 구체적으로, 시설입지로 인하여 근린주민들이 느끼는 순 효과(긍정적인 효과에서 부정적인 효과를 차감한 것)가 부(負)의 값을 나타내기 때문이다. 따라서 주민기피시설로 인한 입지갈등은 '근린주민들이 손해가 된다고 느끼는 것'이 출발점이 된다. 결과적으로 손해가 있어야 하고, 그 손해는 절대값보다는 인식이 기본이 되는 것이다. 그리고 그 손해는 경제적인 것이 흔히 언급되지만 반드시 그런 것은 아니고 비경제적인 것들, 예컨대 심리적인 것, 기타 쾌적성 요인 등이 또한 지적되고 있다. 게다가 최근 정부 간 갈등의 경우에는 행정 제도적인 측면이 중요한 요인으로 제기되고 있다.

정부 간 갈등의 경우에는 그 관련주체가 단순한 경우가 대부분이지만 정부와 주민 간의 갈등의 경우 근린주민들은 단일 개인이 아니라 복잡한 혼성체로 구성되어 있다. 또한 정부와 주민 간의 입지갈등은 그 복잡한 혼성체인 근린주민 전체의 집약된 의사로부터 출발하기보다는 오히려 그중 행동력과 주장이 강한 일부 집단의 주도로 시발되는 경우가 대부분이다. 게다가 우리나라의 경우 심각한 입지갈등 문제를 드러내고 있는 사안 중 상당수는 근린주민이 아닌 행동력과 주장이 강한 집단, 예컨대 환경운동단체 등과 같은 각종 시민단체의 적극적인 개입을 통해 시발되거나 더욱 복잡한 형태로 전개되는 경우가 적지 않다.

결과적으로 주민기피시설 관련 입지갈등의 원인을 갈등사안별로 하나씩 분석하는 것은 입지갈등 메커니즘을 전체적으로 파악하는 데 있어 한계를 가지기 쉽다. 따라서 여기서는 입지갈등의 원인을 주민기피시설의 시행주체로서의 정부부문, 피해 당사자로서의 지역주민부문, 그리고 그 양자에 모두 영향을 미치는 환경부문으로 체계화해서 검토하고자 한다.

가. 시행주체로서의 정부부문

쓰레기 매립지나 소각시설, 원자력 발전소나 원자력 폐기물 저장시설, 변전소, 댐 등 주민기피성 공공사업의 시행주체는 정부부문이다. 정부부문은 많은 인원과 예산 등을 가지고 있어서 거의 모든 사회문제에 적절히 대처할 수 있을 것으로 막연히 기대하는 시민들이 적지 않지만 사실은 그렇지 못한 경우가 대부분이다.

주민기피성 공공시설 입지관련 갈등문제는 기본적으로 입지 예정지역 주민들이 새로운 시설의 입지로 인하여 손해를 볼 수 있다고 인식하는 것이 출발점이 된다. 따라서 그와 같은 입지갈등을 해소 내지 완화하기 위해 우선 시행주체의 입장에서 갖추어야 할 사항을 다음의 세 가지로 정리할 수 있다.

첫째, 시설입지로 초래될 손해의 범위나 규모 등을 정확하게 파악할 수 있어야 한다.

둘째, 그 파악된 내용을 관련 이해 당사자들에게 전달 내지 설득할 수 있어야 한다.

셋째, 그 피해 당사자의 손해의 범위나 규모를 보상해 줄 의사와 실제적인 능력을 가지고 있어야 한다.

시행주체의 입장에서는 예견 가능한 문제발생 원인을 위와 같이 세 가지로 정리하면 단순할 것 같아도 사실은 그렇지가 않다. 우선 주민기피성 공공시설의 입지로 초래될 수 있는 손해의 범위나 규모를 정확하게 파악한다는 것이 매우 어렵기 때문이다. 비교적 우리 일상생활에 가까운 쓰레기 소각시설의 경우만 하더라도 그 시설의 입지로 초래되는 손해의 공간적 범역을 어떻게 그을 수 있을 것이며, 개별 주민들의 경제적·심리적 피해, 그리고 보건상의 위해 등을 어떻게 정확하게 산정할 수 있을 것인가를 생각해 보면 그 손해 파악과정에서 예견되는 어려움은 자명하다. 그리고 손해의 범위나 규모를 절대량으로 명확하게 산정할 수 없다면 시행주체와 피해 당사자 간의 관계는 대개 시장에서의 거래나 흥정과 같은 상황에 빠지기 쉽다. 피해 당사자들은 손해의 범위나 규모를 확대하고자 하는 내재적인 성향을 가지게 되고 시행주체의 입장에서는 손해의 범위나 규모를 축소해서 파악하고자 하는 내재적인 성향을 가지게 되기 때문이다.

그에 더하여, 설혹 시설입지로 초래될 손해의 범위나 규모 등을 정확하게 파악할 수 있다고 가정하더라도 그 내용을 관련 이해 당사자들에게 제대로 전달 내지 납득시키는 것은 용이한 일이 아니다. 무엇보다도 관련 이해 당사자들이 그 파악된 내용을 제대로 믿지 않을 때 그것을 자연현상의 실험과 같이 객관화하기 어렵기 때문이다. 실제와 인식 간의 간격차이로 인해, 실제 손해의 값이 100에 불과한데 피해 주민들은 이를 300이나 500으로 인식하는 경우가 얼마든지 가능하기 때문이다. 또한 파악된 손해의 내용대로 피해 당사자의 손해를 보상해 줄 수 있는 능력을 개별 자치단체가 갖추고 있느냐 없느냐 하는 것은 또 다른 차원의 문제로 지적되어야 한다. 현실적으로 개별 공공사업의 시행주체는 한정된 인원과 예산의 범위 내에서 움직이는 경우가 대부분이기 때문이다.

그 외 시행주체인 정부부문의 장이 선출직인 경우 골치 아픈 문제는 문제해결을 위해 노력하기보다는 가능한 한 문제 해결을 지연시켜 자기 임기 내 또는 선거시기를 피해가고자 하는 성향이 높게 나타난다든지, 관료조직의 특성상 빠르게 변화하고 있는 현실사회에 대한 적응력이 낮게 나타난다든지

하는 것이다. 또한 순환보직체계를 따르는 행정조직의 경우 문제가 있으면 그 문제를 장기적·근원적으로 해결하려는 성향보다는 임기응변적으로 대응하고 골치 아픈 문제를 일정기간 그냥 그대로 가져가고자 하는 성향이 높게 나타난다든지 하는 점들이 시행주체인 정부부문이 가지고 있는 입지갈등의 원인이라고 볼 수 있을 것이다.

나. 피해 당사자로서의 지역주민부문

주민기피시설이 지역사회에 미치게 될 것으로 생각되는 부정적인 효과가 입지갈등을 불러일으키는 출발점이 되겠지만 피해 당사자로서의 지역주민의 속성이 그 입지갈등의 한 축이 될 것임은 분명하다. 주민기피시설의 입지과정에서 객관적으로 예상되는 손해의 범위나 규모는 물론이고 주관적으로 인식되는 손해의 범위나 규모 역시 지역사회별로 다를 것이기 때문이다. 동일한 시설이라 하더라도 소득의 수준, 인구밀집의 정도, 교육의 수준 등에 따라서 반응이 다를 수 있다.

1989년에 미국에서 실시된 한 전국적인 조사에 따르면 주민기피시설의 부정적인 효과와 관련해 고소득, 남성, 고등교육, 전문직, 기혼, 주택 소유자, 대도시 또는 그 교외에 거주하는 집단들이 보다 강하게 반대하고 있는 것으로 밝혀졌다(Daniel Yankelovich Group, 1990). 소득수준도 높고 교육도 많이 받은 전문직 집단들이 그렇지 않은 집단들에 비해 주민기피시설의 부정적인 효과에 대해 보다 강하게 인지한다는 것이다. 따라서 그와 같은 집단들이 그렇지 않은 집단들에 비해 근린생활환경 내지 삶의 질에 대해 보다 민감하게 반응할 것임을 예상할 수 있다. 그리고 비교적 안정적인 거주환경을 장기적인 시각에서 바라볼 것으로 예상되는 기혼의 주택 소유자들이 기피시설의 입지에 대해 더욱 부정적인 반응을 보이는 것도 납득할 수 있다. 그런데 부정적인 반응이 높게 나타나는 집단들이 사회 전체로 볼 때 상대적으로 영향력이 높은 집단들이라는 점 또한 지적되어야 할 것으로 보인다.

Daniel Yankelovich Group의 보고서(1990)는 주민기피시설뿐 아니라 주민선호시설까지를 포함하여 일반적인 도시시설에 대한 수용서열 정보를 제공하고 있는데, [표 2-1]은 일반대중의 인식차이에 따른 수용태도상의 차이를 나타내고 있다.

[표 2-1] 수용의 서열

가장 환영	학교 노인 요양소 유아 보호소 병원 의료 진료소
혼합 의견	집단시설(정신지체자용) 홈리스 보호소 알콜중독자 재활센터 약물중독자 치료센터 만성적인 정신질환치료센터
절대 반대	쇼핑몰 집단시설(AIDS환자용) 공장 쓰레기 매립지 교도소

Daniel Yankelovich Group의 보고서(1990)는 일반대중의 인식차이에 따른 수용태도상의 차이를 보여주고 있지만, 동일한 조사자료를 보다 깊이 있게 분석한 최근의 한 연구(Takahashi and Dear, 1997)에 따르면 주민기피시설과

지역사회의 반대 간에는 정형적인 추정을 곤란하게 하는 복잡성이 내재되어 있다고 한다. 예컨대 절대 반대시설인 AIDS환자용 집단시설의 경우만 하더라도 교외주민들이 비교외주민들에 비해 시설수용성이 오히려 높다는 것이다. 즉 동일한 시설이라 하더라도 지역사회별로 반응이 제각각 다르게 나타날 수 있다는 것이다. Takahashi and Dear(1997 : 84-89)는 AIDS환자용 집단시설 외에도 알콜중독자 재활센터, 약물중독자 치료센터, 정신지체자용 집단시설, 그리고 노인요양소 등이 유의수준 5%하에서 지역사회별 시설수용반응에 있어서 차이가 나는 시설들이라는 연구결과를 밝히고 있다. 다시 말하면, 우리가 지역주민들의 반대를 극복하는 효과적인 대처방안을 수립하기 위해서는 지역사회의 속성과 시설의 특성을 함께 고려하는 사안별 분석 및 대책수립이 필요하다는 것을 시사하고 있다.

게다가 지역사회의 반대는 기존의 권익보호라는 대응적 참여형태에서부터 과거의 불평등을 시정하기 위한 적극적 행위에 이르기까지 복합적인 동기로 이루어져 있다고 볼 수 있다(Takahashi and Dear, 1997 : 91). 따라서 후자의 경우에는 이제까지 소극적인 반대를 보인다고 간주되었던 지역사회가 오히려 더 강한 반대를 표출할 수도 있다. 즉 주어진 시대여건과 상황에 따라서 주민기피시설에 대한 지역사회의 반응은 다양하게 나타날 수 있다.

다. 외부변수로서의 환경부문

주민기피시설의 입지갈등은 시설입지로 초래되는 부정적인 효과가 출발점이 되겠지만 기본적으로 시설입지 시행주체의 대응능력과 시설입지 예정지구 주민들의 속성이 상호작용하여 엮어내는 문제로 파악할 수 있다. 그런데 그 상호작용을 통해 탄생한 결과물인 입지갈등은 그 양자 간의 관계로만 파악할 수는 없다. 그 양자의 움직임에 영향을 미치는 정치적·경제적·사회 문화적 환경변수의 작용을 고려해야 하기 때문이다. 권위주의적인 정치체제와 민주적인 정치체제, 고소득 국가와 저소득 국가, 폐쇄적 사회문화와 개방적 사회문화 간에는 동일한 주민기피시설이라 하더라도 시행주체의 움직임과 주민들의 반응에 상당한 차이가 있을 것이기 때문이다.

정도의 차이는 있겠지만 전 세계적으로 대략 1980년대부터 정보화의 물결, 세계화와 지방화의 물결 등이 공통적으로 나타났다. 우리나라의 경우 대략 10여 년 전부터 권위주의적인 정부의 갑작스런 쇠퇴와 정보화·개방화의 물결 등으로 공공시설의 입지정책상의 문제점에 대한 일반 국민들의 인식이 빠르게 확산됨으로써 주민기피시설의 입지갈등상의 문제점이 훨씬 더 격화되고 표면화되고 있는 것으로 보인다. 게다가 1995년 이후에는 지방선거를 통해 선출된 자치단체장이 광역적인 주민기피시설의 입지과정에 있어서 전면에서 반대하는 경우도 나타나고 있다.

그 외 이제까지 정치과정에서 비교적 소외되고 소극적이었던 많은 이익집단들, 즉 환경보호 단체나 기타 시민단체 등의 정치적 조직화와 영향력이 우리나라의 경우 권위주의적인 정부의 급작스런 쇠퇴와 지방화의 물결 등과 함께 확대됨으로써 주민기피시설과 관련된 입지갈등을 증폭시키고 있다.

고도산업화와 도시화의 흐름은 소득의 전반적인 증가와 함께 생활수준의 향상을 가져옴으로써 일반 시민들의 '삶의 질'에 대한 욕구를 증가시킨다. 그런데 주민기피성 공공시설은 대개 삶의 질을 손상시킴으로써 입지갈등 문제를 원초적으로 내재하게 된다. 즉 내재된 갈등문제가 밖으로 표출될 수 있는 외부 환경의 변화가 갈등의 격화와 표출에 중요한 영향을 미치게 되는 것이다. 게다가 개방화와 세계화의 물결은 전통적인 국경의 퇴색뿐만 아니라 공동체 의식까지도 손상시킨다. 결과적으로 나에게 손해가 된다고 생각되는 부분은 공동체 의식 이전에 무엇이든 반대하는 행태로 표출하기 쉽다.

(2) 입지갈등의 현황

입지갈등의 원인분석에서 드러나듯이 우리나라의 경우 대략 1980년대부터 주민기피시설의 입지갈등 문제가 심각한 사회문제로 부각되고 있는 것으로 보인다. 권위주의적인 정치체제의 급격한 몰락, 소득수준의 전반적 향상, 정보화와 개방화의 급속한 진전, 그리고 사회적 소외집단의 권리주장 강화 등은 서로 상승적인 작용을 하면서 주민기피시설의 입지갈등 문제를 격화시키고 있는 것으로 보인다. 게다가 우리나라는 1995년부터 실시된 민선자치단체장의 선출과 같은 지방화의 흐름으로 인해 주민기피시설의 입지갈등 문제가 더욱 증대되고 있는 추세에 있다. 지방화의 흐름 이전에는 주민기피시설의 입지갈등 문제가 주로 정부와 주민 간의 갈등문제로 표출되었지만, 민선단체장 선출 이후 2년간(1995. 6.~1997. 5.) 입지 및 개발관련 갈등 또는 분쟁을 조사한 연구보고서를 보면 정부 간 분쟁건수가 정부-주민 간 분쟁건수와 동일하게 나타나고 있음을 알 수 있다.

[표 2-2] 국토개발분쟁 유형별 발생현황(1995.6.~1997.5.)

구분	분쟁유형	분쟁발생사례(%)
분쟁주체	정부 간 분쟁	170(50.0)
	정부-주민 간 분쟁	170(50.0)
분쟁성격	입지분쟁	221(65.0)
	권한분쟁	119(35.0)
분쟁내용	하천 관련 분쟁	54(15.9)
	광역시설 관련 분쟁	213(62.6)
	지역개발사업 및 기타 분쟁	73(21.5)
총 분쟁건수*		340(100.0)

주) 총 분쟁건수는 민선자치제 이후 2년간 중앙 및 지방 일간지에 게재된 분쟁건수임.
자료 : 김용웅(1998), 국토개발관련 분쟁조정제도 개선방안, 「21세기 선진국토를 향한 정책과제」, 172.

[표 2-2]를 보면 분쟁 성격상 입지 관련 분쟁이 권한 관련 분쟁보다 거의 두 배가량 많이 발생하고 있음을 알 수 있다. 또한 분쟁 내용 면에서도 광역시설 관련 분쟁이 개발사업이나 하천 관련 분쟁에 비해 각각 서너 배 정도 많이 발생하고 있음을 확인할 수 있다.

환경문제 관련 분쟁에 대한 최근 8년간의 전체 현황과 그 자료를 지방자치 이전과 이후로 구분하여 정리해 놓은 것이 [표 2-3]이다. [표 2-3]에 의하면 지방자치 이후 환경문제 관련 분쟁이 지방자치 이전에 비해 전반적으로 크게 증가했으며, 특히 국가와 자치단체 간 및 국가와 지역주민 간 분쟁은 지방자치 이후에 급격하게 증가했음을 알 수 있다. 지방자치 이전에는 거의 6년간 국가와 자치단체 간 분쟁이 단 한 건도 나타나지 않다가 지방자치 이후 2년 남짓 만에 18건이나 발생했다는 것은 시사하는 바가 적지 않다.

[표 2-3] 환경 분쟁의 발생현황(1990. 1.~1997. 12.)

(단위: 건)

분야 / 당사자		계			물			환경기초시설관련: 폐기물			환경기초시설관련: 하수(분뇨)			자연환경			소음·진동			대기		
		계	지방자치 이전	지방자치 이후	계	지방자치 이전	지방자치 이후	계	지방자치 이전	지방자치 이후	계	지방자치 이전	지방자치 이후	계	지방자치 이전	지방자치 이후	계	지방자치 이전	지방자치 이후	계	지방자치 이전	지방자치 이후
계		280	90	190	61	24	37	64	14	50	18	0	18	24	5	19	82	34	48	31	13	18
환경피해분쟁 (사업자 대 피해주민)		134	70	64	21	16	5	2	2	0	0	0	0	9	5	4	82	34	48	20	13	7
국가, 지방자치단체를 당사자로 하는 환경분쟁	소계	146	20	126	40	8	32	62	12	50	18	0	18	15	0	15	0	0	0	11	0	11
	자치단체 간	34	6	28	13	5	8	8	1	7	7	0	7	6	0	6	0	0	0	0	0	0
	자치단체와 지역주민 간	72	13	59	4	2	2	52	11	41	10	0	10	4	0	4	0	0	0	2	0	2
	국가와 자치단체 간	18	0	18	8	0	8	2	0	2	1	0	1	5	0	5	0	0	0	2	0	2
	국가와 지역주민 간	22	1	21	15	1	14	0	0	0	0	0	0	0	0	0	0	0	0	7	0	7

주) 지방자치 이전과 이후는 1995년 7월 1일을 기준으로 구분함.

자료 : 환경부 중앙환경분쟁조정위원회, 「환경오염피해분쟁 조정사례집」, 각 연도분(1993~1997); 정회성 · 이성우 · 강철구(1998), 국토환경의 보전과 이용관련 분쟁의 조정원칙과 방향, 「환경정책」, 6(1) : 115.

[표 2-3]을 통해 전형적인 주민기피시설인 폐기물 매립지나 소각시설, 하수처리시설 관련 환경 분쟁들을 분쟁 당사자를 기준으로 나누어 볼 때 지난 8년간 전체 분쟁건수 중 자치단체와 지역주민 간의 분쟁이 약 78%(62/80)에 달한다는 것을 알 수 있다. 자치단체 간은 약 19%, 국가와 자치단체 간은 약 4%, 국가와 지역주민 간은 전무한 실정이다.

입지갈등에 대한 대처방식

사회적으로 꼭 필요한 시설이지만 근린주민들이 기피하는 시설입지에 따른 갈등문제는 완화 내지 해소하는 방향으로 나아가야 한다. 하지만 동일한 목적을 달성하기 위해 어떤 식으로 대처해야 할 것인가는 분명하지 않다. 입지갈등을 야기하는 원인 내지 변수가 아주 다양하고 상황 역시 제각기 다를 수 있기 때문이다. 그렇다고 하더라도 입지갈등의 완화 내지 해소과정에서 흔히 이용되는 대처방식들을 크게 나누어 본다면 보상을 통한 문제해결방식, 제도를 통한 문제해결방식, 인식 내지 의식수준의 개선을 통한 문제해결방식 등으로 구분할 수 있다. 물론 이와 같은 대처방식들은 완전히 배타적인 것은 아니고 상호 연관되어 나타날 수 있다.

(1) 보상적 대처방식

주민기피시설의 입지갈등의 완화 내지 해소는 특정 집단의 사익추구의 기회가 되어서는 안 되는 것처럼 공익이라는 이름 아래 사익이 부당하게 침해되어서도 안 된다. 따라서 피해를 입은 실체에게는 손해에 상응한 적정한 보상을 해 줌으로써 입지갈등의 소지를 원천적으로 없애는 접근방식이 가능한데, 이와 같은 방식들을 일괄해서 보상적 접근방식이라 부를 수 있다. 결국

이 방식은 적정보상이 사회적 공정성을 제고하고, 결과적으로 전체 사회의 삶의 질을 높이고 인간다운 생활을 확보할 수 있다고 본다.

어떤 근린지역에 주민기피성 공공시설이 입지한다는 발표가 있게 되면, 우선은 주민들이 격분하겠지만 반대 논의는 대개 세 가지 특정한 관심을 드러내는 것으로 알려져 있다(박종화, 1993 : 62; Dear, 1990) : 재산가치 하락에 대한 우려, 개인적인 신변안전과 보건상의 위해에 대한 인식, 그리고 근린 쾌적성 상실에 대한 염려. 폐기물 매립지나 소각시설 등은 대개 위의 세 가지 조건에 모두 해당되고, 따라서 그에 따른 입지갈등을 완화 내지 해소하기 위해서는 세 가지 측면 모두를 고려할 필요가 있다.

특정 산업시설의 집단적인 입지를 위한 공단조성 시 영향 수계권에 속한 지역으로부터의 반대는 주로 보건상의 위해에 대한 우려 때문에 빚어지는 것이다. 따라서 그와 같은 경우 금전적인 보상이나 단순히 근린 쾌적성을 제고하는 노력은 거의 효과를 발휘하기 어렵다. 핵폐기물 매립지와 같은 시설은 전자의 두 가지 요인, 그중에서도 특히 두 번째 요인에 의해 입지갈등이 빚어지는 것이기에, 그 지역 자체에 쾌적성을 높이는 시설을 설치하고 상당한 액수의 금전적인 보상을 하더라도 갈등완화에 제대로 기여하기 어려운 것도 동일한 맥락에서 이해할 수 있다.

보상적 접근방식은 기본적으로 부담과 편익의 일치를 지향한다. 즉 책임소재와 직접적인 관련성이 없는 상태에서 어떤 특정집단의 희생을 토대로 소위 '공익'이 추구되어서는 안 된다고 보고 있는 것이다. 따라서 이 방식의 핵심은 부담과 편익의 일치를 지향하는 적정기준(fair share criteria)을 모색하는 것이다.

우리 헌법 제23조 제1항은 재산권의 보장을 규정하고 있고, 동법 제3항은 공공필요에 의해 재산권을 침해하는 경우 그 근거법률에 재산권 침해규정과 함께 침해에 대한 보상규정도 구비하여야 한다고 명시하고 있다. 즉 우리 헌법은 보상을 통한 공익과 사익의 조화를 지향하고 있다고 볼 수 있다. 그런데 우리의 법체계상, 행정상 손실보상제도에 관한 일반법이 존재하지 않고 토지수용법 등 각 개별 법에서 적법행위로 인한 손실보상에 대해 규정하고 있을 뿐이다. 따라서 법률이 재산권의 공권적 침해를 규정하면서도 그에 대한 보상을 규정하지 않은 경우가 있을 수 있는데, 이 경우 피해자의 구제가 문제된다. 특히 대부분의 주민기피시설이 직접 수용·사용된 토지 건물이 아닌 주변 토지·건물 등의 가격하락이 예상되는데, 이에 대한 적정한 보상이 문제가 된다.

적정보상과정에서 흔히 보상재원이 문제가 되는데 책임성의 소재에 따라서 사회구성원이 공동으로 부담하는 방향으로 나아가야 할 것으로 보인다. 그리고 민간부문이 사익을 추구하기 위해 제반 개발사업을 시행하는 경우 역시 적정기준에 의한 공익과 사익의 조화를 고려하여 그 사업은 인근 지역주민의 재산권과 생활권, 더 나아가서 환경권을 침해해서는 안 되며, 침해 시 그에 따른 적절한 보상대책이 수립되어야 할 것이다.

(2) 제도적 대처방식

입지갈등은 기본적으로 개인 또는 집단 간 이해관계의 다툼에 기인하는 것이기 때문에, 그 다툼을 슬기롭게 풀어 가기 위해서는 쌍방이 동의하고 납득할 수 있는 합리적인 규칙 내지 제도의 정립이 필요하다. 따라서 입지갈등을 완화 내지 해소해 가는 과정에서 합리적인 규칙 내지 제도의 정립이 기본이 된다고 인식하는 입장을 제도적 접근방식이라 부를 수 있다.

입지갈등 관련 제도의 변화는 이해 당사자 어느 일방의 희생이나 손실을 토대로 이루어져서는 안 되겠지만, 그렇다고 해서 '성가신 아이'를 적당히 구슬리기 위해 특별한 혜택이 베풀어져서도 곤란하다. 입지갈등 관련 제도는 갈등 내지 분쟁의 직접 당사자들뿐만 아니라 궁극적으로 전 국민이 이해 당사자이기 때문이다. 따라서 다양한 의견을 참조하되 가능하면 가상적인 상태라도 합의점을 도출할 수 있는 제도적인 노력이 필요하다. 전통적인 우리 문화에 다소 맞지 않는 점이 있다고 하더라도 합리성에 입각하여 문제에 접근한다면 그 기준이 궁극적으로 변화하는 제반 환경변화에 걸맞은 기준으로 자리잡아 갈 수 있을 것이기 때문이다. 따라서 특정 국가의 문제해결방식에 집착하기보다 우리의 상황에 맞는 제도를 형성해 가는 것이 필요하다.

이해 관계자 사이의 권리분쟁은 궁극적으로 법원의 판단에 의존하게 된다. 특히 공공시설의 설치에 따른 입지갈등 내지 분쟁은 법원이 인근주민의 권리를 확인하고 시행기관의 보상(또는 배상) 책임을 선언함으로써 당해 갈등 내지 분쟁을 대부분 해소할 수 있고 더 나아가서 미래의 유사 사안에 대한 권리와 의무를 획정하는 역할을 한다. 소송을 통해 보상(또는 배상) 책임을 부담하게 된다거나 또 그 과정에서 시행기관의 실책에 대해 언론이 부정적인 보도를 함으로써 여론이 부정적으로 흐를 경우에는 시행기관이 이런 갈등 내지 분쟁을 사전에 예방하기 위한 제반 조치를 보다 적극적으로 강구하게 하는 유인을 부여하기도 한다.

그러나 환경갈등 내지 분쟁을 소송에 의지해서 처리하려고 할 경우 흔히 엄청난 소송비용, 소송기간의 장기화에 직면하게 된다. 결과적으로 소송에 의한 권리구제를 포기하는 문제와, 빈번한 소송으로 인한 엄청난 사회적 비용 문제에 직면할 수 있다. 소송은 거의 언제나 지역사회를 통합하고자 하는 목표에 역효과를 나타내고, 또한 법정에서 사안이 논의되는 동안 시설의 개소를 지연시키는 경향이 있다(Dear, 1992 : 297).

우리나라의 경우 주민기피시설의 입지갈등 내지 분쟁의 경우 장기적으로 주민참여 및 관리체계의 도입, 지역 간 비용과 편익배분의 형평성 증진, 기술적 저감대책의 확보 등의 방향하에서 주민 옴부즈맨, 주민 모니터링제, 주민투표제, 비용분담제 등의 제도적 조치를 강구하고 있다(김용웅, 1998 : 182-83). 현재 우리나라의 정부-주민 간 분쟁조정제도의 실태는 다음 [표 2-4]와 같이 요약할 수 있다.

[표 2-4] 우리나라의 정부-주민 간 분쟁조정제도 실태

구 분	현황 및 문제점
주민참여제도	- 현황 : 공청회, 공람, 주민투표제, 청원, 이의제기 등 - 문제점 : 구체적 분쟁사안에 대한 참여제도 미비 형식적인 제도운영
보상제도	- 현황 : 재산상 손실보상, 지역보상 - 문제점 : 이해 당사자 간의 합의도출이 가능한 재산상·건강상·환경상의 위해, 경제적 보상 위주의 분쟁조정책 치중
제3자에 의한 분쟁조정제도	- 현황 : 행정심판, 행정소송, 민사소송 등 - 문제점 : 분쟁조정과정에서 당사자가 직접 참여하여 대안을 모색할 수 있는 장치 부재 재판 시 시간 및 비용의 과다로 적기에 해결 곤란

자료 : 김용웅(1998), 국토개발관련 분쟁조정제도 개선방안, 「21세기 선진국토를 향한 정책과제」, 175.

합리적인 제도의 형성은 장기적인 안목과 예측에 입각한 계획안, 적정부담 규칙의 정립, 참여의 제도화 등으로 구체화될 것으로 보인다. 겉으로는 화려한 계획이지만 필요한 재원조달방안을 빠뜨리고 있다든지, 부담과 편익이 일치되지 않음으로써 어느 일방에게 특혜부여 또는 희생강요의 형태로 나타난다든지 해서, 궁극적으로 정책의 실천성을 결여하고 있으면 합리적인 제도라고 보기 어렵기 때문이다. 이와 같은 노력의 일환으로 제3차 국토종합개발계획

(1992~2001)의 부문별 계획은 국토환경의 보전과 기피시설에 대한 입지대책으로서 각종 개발사업 시행 시에 환경오염방지대책의 의무화, 폐기물 처리시설의 확충과 관련된 홍보 및 교육의 강화, 그리고 기피시설 입지과정에서의 주민참여 확대 및 수혜지역과 입지지역 간의 교차보조제의 도입 등을 강조하고 있다.

(3) 인식적 대처방식

제도나 규칙, 기타 기술적인 장치가 갖고 있는 약점을 보완하고 극복하기 위해서는 무엇보다 참여자들의 인식 내지 의식의 전환이 중요하다고 보는 입장이 있는데, 이를 인식적 접근방식이라 부를 수 있다.

입지갈등의 완화 내지 해소를 위해서는 갈등의 당사자들, 그리고 더 나아가서는 전체 국민의 인식 내지 의식의 전환이 수반되어야 한다고 보고, 교육이나 홍보 그리고 지역사회와 시행기관 간에 연계노력을 강조하는 입장이다. 인식 내지 의식의 전환이라고 해서 사회구성원들의 윤리나 도덕수준이 높아져야 함을 전적으로 의미하는 것은 아니다. 사회구성원들의 도덕수준이 높아서 타인의 입장에서 사물을 바라보고 행위를 하게 되면 우리는 바람직하지 못한 효과를 상당부분 내부화할 수 있겠지만, 보다 중요한 점은 입지갈등의 원인 제공자가 대부분 우리 모두라는 인식의 전환을 통해 '우리의 문제'라는 공동체 의식과 '우리 모두를 위하여 앞으로 무엇을 어떻게 해야 하는가' 하는 공동선을 추구하는 의식이 필요하다고 보는 것이다. 지금 극심한 입지갈등 내지 분쟁 형태로 표출되고 있는 핵발전소나 핵폐기물 매립지의 입지문제, 기타 일반폐기물이나 산업폐기물의 매립지와 소각시설에 대한 입지문제 등은 정도의 차이는 있겠지만 궁극적으로 우리 모두가 원인 제공자라 할 수 있고 따라서 우리 모두의 책임으로 볼 수 있다.

입지갈등 현상은 선진 산업사회나 개발도상국을 막론하고 공통적으로 직면하는 문제점이지만, 특히 우리나라의 경우 과거 수십 년간 시민에 대한 공공부문의 관여 내지 의사전달이 일방적인 홍보나 선전에 치우쳤던 감이 있어 진정한 의미에서의 공공관계(public relations) 형성이 미약했고 결과적으로 쌍방 간에 불신의 정도가 깊었다. 따라서 지역적인 갈등사안이 건설적으로 해결되는 경우는 드물고 대부분 파국적인 분쟁으로 귀결되는 경우가 적지 않았다. 따라서 이 문제를 근원적으로 풀어 가기 위해서는 우리 모두의 인식 내지 의식이 전향적으로 바뀌어서 상대편의 권리나 의무, 입장에 대한 진정한 이해가 수반되어야 할 것으로 보인다. 그와 같은 과정을 통해 자기책임원리의 확립 등 기본적인 행위 기준이 정립될 수 있다.

입지갈등의 원인에 대한 분석에서 밝혀졌듯이 갈등 내지 분쟁의 상당부분은 오해 내지 이해의 부족으로 비롯되는 경우가 많다. 정확한 이해의 결여로 상호 간에 불신이 증폭되는 경우에는 교육과 홍보를 통해 이해와 신뢰의 수준을 제고할 수 있다. 교육과 홍보는 진실된 정보를 정확하게 전달해서 대상자의 문제 발견능력 및 해결능력을 높이는 활동이라는 점에서, 자신의 이익을 위해 과장되고 왜곡된 정보라도 서슴없이 전달하는 광고나 선전활동과는 구별된다.

교육 및 홍보는 해당 지역사회 주민들에게만 국한되어서는 안 된다. 사업시행자나 관련자에게도 시설의 장·단기적인 안정성 여부와 관리대책에 대한 충분한 교육 및 홍보가 이루어져야 한다. 핵폐기물 매립지의 입지결정과정이나 기타 건강상 위해 가능성이 높은 시설입지과정에서 드러나듯이 사업시행자들이 내재적으로 그 시설의 장·단기적인 안전성에 대해 충분한 사전지식이나 확신 없이 문제에 접근함으로써 주민의 지지를 끌어내는 데 전혀 도움이 되지 못하고 있기 때문이다.

교육 및 홍보는 결코 임시방편적인 활동이 되어서는 안 된다. 장기간에 걸친 계속적인 활동을 통해서만 교육 및 홍보는 꽃이 필 수 있는 것이다. 최근 정부가 발표하는 자료나 기타 통계에 대한 일반 국민들의 인식이 상당부분 개선되었지만 유독 기피시설 관련 정보에 대해서는 아직까지 신뢰도가 높지 못한 상황이다. 이와 같은 상황을 개선해서 신뢰도를 높이기 위해서는 행정의 공개성이나 투명성이 높아져야 할 것이고 정보화시대에 걸맞게 정보 전달망의 체계적 정비 또한 필요할 것으로 판단된다.

합의형성과정으로서의 중재협상

입지갈등이란 현상 그 자체는 특정시점에서 보면 단일한 실체로 존재하는 것이지만 그에 대한 대처방식은 앞에서 논의되었듯이 보상, 제도, 인식 등 여러 가지 접근방식들이 개별적으로 또는 중첩적으로 사용되어 왔다. 그런데 입지갈등에 대한 원인 분석에서 잘 드러나듯이 주민기피시설 관련 입지갈등을 그 역학메커니즘 측면에서 살펴보면 그 원인은 대개 복합적이고 유동적이다. 따라서 해결메커니즘 역시 유연하고 탄력적인 대안이 필요할 것임을 알 수 있다.

(1) 왜 중재협상인가?

갈등이 존재할 때 당사자 간의 협상[12]을 통한 합의로 문제를 해결할 수

12) 협상이란 이해관계가 상반된 복수의 집단들이 대화를 통해 이해상충을 해소해 가는 과정이라고 볼 수 있다. 이해 당사자 간에 대화를 수단으로 양보와 타협을 계속하여 서로 간의 충돌을 회피하면서 합의점에 도달하는 것이 협상의 기본적인 속성이라고 볼 수 있다. Rubin and Brown(1975 : 5-18)은 협상의 특징을 다음과 같이 정리하고 있다. 첫째, 협상은 복수의 의사결정주체를 구성요소로 하며 이때 당사자들 간의 관계는 임의적이며 대부분 일시적이다. 둘째, 이해의 상반됨이 일반적이지만 공동관심사를 해결

있으면 당사자에게 맡겨 두는 것이 가장 바람직하다. 하지만 대개의 주민기피시설 관련 입지갈등처럼 사안이 복잡하고 피해집단을 파악하기가 용이하지 않으며, 경제적 이해관계에서부터 심리적인 이해관계에 이르기까지 이해관계가 복잡 다양한 경우에는 이해 당사자들끼리 스스로 갈등을 해소하는 것이 용이하지 않다. 즉 갈등 당사자들끼리만 남겨 두어서는 불신이 증폭되어서 협상이 교착상태에 빠지기 쉬운 것이다. 이 경우에는 제3자, 즉 중재자의 도움을 받아서 문제를 유연하고 탄력성 있게 풀어 가는 중재협상형태가 바람직한 방안이 될 수 있다.

중재협상에 있어서 중재자란 갈등 내지 분쟁의 당사자가 아니면서 갈등 내지 분쟁을 해소하고자 하는 당사자 간의 협상을 조력할 목적으로 협상과정에 참여하는 중립적 실체를 말한다. 주민기피시설의 입지갈등과 같이 갈등의 영역이 거대해져서 개별 참여자들이 자신이 속해 있는 현재의 위치와 현상에만 집착하고 전체적인 움직임을 소홀히 하는 경우에는 중재자의 역할이 더욱 확대될 수 있다. 왜냐하면 직접적인 이해 당사자들은 입지갈등의 근본적인 원인을 해결하기보다는 지엽적인 문제에 집착하거나 국지적인 합리성 추구에 머무르기 쉽기 때문이다. 결과적으로 중재협상은 그 성격상 협상환경이나 협상과정에 중요한 영향을 미침으로써 합의형성과정으로서의 그 중요성이 점점 더 커지는 추세에 있다. Blackburn(1990 : 157)의 미국 사례연구에 의하

하는 것이 전체적인 측면에서 볼 때 당사자 모두에게 유리하다. 사실 협상이 시작되는 것은 이와 같은 공동관심사가 존재하기 때문이다. 셋째, 협상의 대상은 대개 자원의 배분과 교환으로 나타나는데 이 자원은 유형의 경제적인 가치만을 의미하는 것은 아니고 무형의 가치를 가지는 자존심, 명예, 원칙, 신뢰, 대표성 등도 포함하고 있다. 넷째, 협상과정은 불완전한 정보하에서 상대방의 입장을 탐색하는 정보 의존적 특징을 갖는다. 따라서 상대방의 정보를 획득하면서 자신의 정보는 통제하고 조절하고자 하는 성향을 갖는다. 다섯째, 협상력이란 협상목표를 달성하기 위하여 협상자원을 효과적으로 동원하는 능력을 말한다.

면 160건의 환경중재협상 사례에서 약 78%의 협상성공률을 나타냈다. 즉 제3자의 조력을 통한 협상형태가 협상타결 가능성을 높이고 이해배분의 공정성을 높일 수 있다는 인식이 확산되고 있는 것이다. 중재협상에 의한 미국 내 갈등 해소 사례에 대한 또 다른 연구로서 Madigan et al.(1990 : 10-23)이 제시한 6건의 사례 분석에서도 협상과정에 있어서 중재협상방식의 효과성을 지적하고 있다.

그런데 중재협상 그 자체로 모든 입지갈등 문제가 저절로 해결된다고 볼 수는 없다. 중재협상이 소기의 목적을 달성하는 과정에서 중요한 요인 또는 변수들이 시대와 장소에 따라 다를 것이고, 동일한 시대나 장소라 하더라도 중재협상 과정에 참여하는 제반 참여자들의 취향이나 능력 등 다양한 요인 내지 변수들에 의해 영향을 받을 것이기 때문이다. 다만 현대사회에 있어서 주민기피시설의 입지갈등은 입지갈등에 대한 기존의 대처방식에서 논의되었듯이 보상적 문제, 제도적 문제, 인식적 문제 등이 여러 가지 형태로 얽혀서 나타난다고 볼 수 있기 때문에 갈등의 구조, 참여자들의 행태, 참여자들 간의 상호관계, 자원 및 의사소통의 네트워크[13] 등이 중재협상이 성공적으로 기능하는 데 주요한 고려사항이 될 것으로 보인다.

---

13) Rubin and Brown(1975 : 32-5)은 협상의 변수를 구조적 맥락, 협상당사자의 행태, 협상당사자들의 상호의존관계, 사회적 영향력의 사용전략의 네 가지로 나누고 있다. Rivkin(1985 : 74-5)은 도시개발 과정에서의 갈등 내지 분쟁을 해소하기 위한 협상의 필수적인 요소로서 협상의사 및 성실성, 이해, 의사소통네트워크, 전문적인 지식과 기술, 문서화, 점검과정, 자금 등을 들고 있다. Cohen(1980 : 49-113)은 협상의 주된 변수로서 시간, 힘, 정보 등을 들고 있다. 이와 같은 변수들은 주로 당사자들 간의 협상에 초점을 둔 것으로서 중재협상과정에 있어서는 제3자의 조력이 발휘될 수 있는 여건 내지 수단이 부가되어야 할 것으로 보인다.

(2) 중재협상의 과정

주민기피시설의 입지갈등 문제는 대부분 복합적이고 유동적인 사안들이다. 이와 같은 입지갈등 문제를 해소하고 합의를 형성해 가는 과정에서 중재협상의 역할이 점점 더 강조될 것이라는 사실과, 그와 같은 중재협상제도가 소기의 목적을 달성해 가는 과정에서 단순히 중재협상제도가 필요하다는 인식이나 구호만으로서는 불충분할 것이라는 사실을 앞의 논의에서 쉽게 짐작할 수 있다. 여기서는 중재협상이 실제 입지갈등의 완화 내지 해소과정에 적용될 경우에 활용될 수 있는 기본적인 과정들을 밝히고자 한다.

중재협상(mediated negotiations)은 갈등이 없거나 또는 갈등이 잠재되어 있는 경우에 필요한 것이 아니라 갈등이 노출되어 있는 경우에 요청되는 것이 통례이다. 즉 갈등상황에 있는 문제에 대한 새로운 선택기회를 중립적인 제3자를 이용하여 비대결적인 탐색으로 찾아보고자 하는 것이다. 따라서 그 과정은 구체적인 사안에 따라 다소 차이가 있겠지만 보편적으로 사전준비과정, 협상 및 합의형성과정, 그리고 실행 및 평가과정으로 구성되어 있다 (Madigan et al., 1990 : 10-38; 권원용, 1993 : 12; 이종규 외, 1994 : 112-114).[14)]

중재협상의 기본목표는 갈등사안에 대한 합의형성이지만 그 목표를 제대로 달성하기 위해서는 우선 사전준비과정이 필요하다. 이 과정에서는 우선 무엇이 문제인지, 이해관계 당사자들이 누구인지, 그리고 중재자로서 적합한

---

14) 중재협상의 과정을 세부적으로 구분하여 보면 대략 12개의 세부 단계로 나누어 볼 수 있다. 먼저 사전준비과정으로는 협상착수 여건분석단계, 이해관련 집단의 식별과 대표자 선출단계, 공정한 중재자의 모집 및 선택단계, 회의 규칙과 의제설정단계, 정보수집과 현장답사단계를 들 수 있다. 그 다음, 협상 및 합의형성과정으로는 단일 협상계획서의 작성단계, 잠정합의안의 모색단계, 최종합의안의 작성단계, 검토 후 서명단계가 가능하다. 최종적으로 실행 및 평가과정으로는 합의내용의 공식화단계, 점검 메커니즘의 작동단계, 사후평가단계 등이 고려될 수 있다.

실체가 누구인지를 밝히는 것이 중요하다. 다만 주민기피시설로 인한 입지갈등이 현존하는 상태로 새롭게 존재하고 있다고 가정할 때 최초에 이와 같은 일들을 수행할 수 있는 구체적인 실체가 누구인지가 의문이 될 수 있다. 일단은 시행기관으로서의 공공부문과 피해 당사자로서의 지역사회 주민 또는 대표가 이와 같은 역할을 공동작업으로 수행해 가야 할 것으로 보인다. 권위주의적인 시대에는 상의하달식(top-down)의 공공부문 주도로 제반 일들이 거의 전적으로 수행되어 왔지만, 탈권위적이고 다원적인 사회에서는 상의하달식 의사결정 메커니즘과 하의상달식(bottom-up) 의사결정 메커니즘의 조화로운 운영이 필수적이기 때문이다. 결과적으로 상호작용 메커니즘하에서 이해관계 당사자들이 누구이며, 그들이 안고 있는 문제점이 무엇이며, 이해관계 당사자들이 모두 동의하는 중재자가 누구인지가 모색되어야 할 것이다.

이와 같은 과정을 통해 적합한 중재자가 설정되면 중재자의 주도로 협상의제 설정, 협상규칙 정립, 시간계획 등이 가능하다. 다만 이 과정은 본격적인 실무협상을 지원하는 것이 주목적이기 때문에 이용 가능한 자원의 확인, 관련 정보의 수집, 공동현장답사 등을 통한 사실 확인 작업, 그리고 필요하다면 이해관계 당사자들을 대상으로 필수적인 협상관련절차나 기법 등을 교육 내지 소개할 수 있을 것이다.

사전준비과정이 완료되면 그 과정을 토대로 합의형성을 위한 본격적인 중재협상에 들어가게 된다. 그런데 주민기피시설 관련 입지갈등은 대개 갈등의 영역이 거대하고 복잡한 경우가 대부분이기 때문에 우선 이해 당사자들의 기본 입장이 반영된 단일화된 협상계획서의 작성이 최종합의서 작성 및 서명의 출발점이라고 볼 수 있다. 그와 같은 단일화된 협상계획서를 토대로 중재자는 이해관계 집단들의 표출된 이해관계뿐만 아니라 내재된 이해관계 모두를 반영하여 잠정합의안을 만들게 된다. 다만 중재자는 잠정합의안이 양측 모두에게 이익이 된다는 인식을 줄 수 있어야 하기 때문에 상충되는 양측 이해관계의 중간선을 기준으로 잠정합의안을 모색하게 될 것이다. 그리고 이 과정에서 사안의 규모가 크고 복잡하다든지 전체 사회에 미치는 영향이 클 경우에는 별도의 소위원회를 구성할 수 있을 것이다. 이와 같은 소위원회는 그 성격상 기술적 합리성 제고에 기여해야 할 것이므로 해당 사안별 전문성을 위주로 위원회가 구성되는 것이 바람직할 것으로 보인다.

그런데 주민기피시설 관련 입지갈등의 경우 관련 정보의 불충분한 전달 내지 왜곡된 정보의 전달이 흔히 문제가 되기 때문에 중재자는 이해관계 집단들과의 공식적 의사전달 채널뿐만 아니라 비공식적 의사전달 채널을 확보하고 열어 둘 필요가 있다. 그래서 잠정합의안이 이해관계 집단들의 합의형성으로 귀착되면 최종합의서를 작성하고 서명을 받는 절차가 수반된다. 다만 갈등의 성격상 대표자 간의 합의로 불충분한 경우에는 해당 이해관계 집단의 추인을 받을 수 있도록 환류메커니즘을 작동시킬 수 있을 것이다.

최종합의서의 작성 및 서명으로 입지갈등이 완전히 해소되었다고 볼 수는 없다. 합의안이 원점으로 회귀하지 않고 제대로 실천될 수 있도록 준수의무를 부과(예 : 이행조건부 기탁금)할 필요가 있고, 합의안의 공식화를 위해서 공표절차가 필수적이다. 그리고 입지갈등은 한순간의 사건으로 끝나는 것이 아니기 때문에 최종합의안이 제대로 실행되고 있는지 여부에 대한 점검메커니즘이 필요할 것으로 보인다. 그리고 차후 유사한 사안에 대한 선례로 삼기 위해 전체 협상과정에 대한 사후적인 평가가 필요할 것이다.

환경분쟁을 해결하기 위한 환경분쟁조정위원회의 알선·조정·재정의 절차나 현행 토지수용법 제25조의 2와 3의 토지수용위원회에 의한 재결은 중재의 형태로 볼 수 있다. 그런데 다양한 원인과 형태로 나타나고 있는 주민기피시설관련 입지갈등을 해결해 나가는 과정에서 향후 중재기관의 적극적인 역할이 기대되고 있는 상황이기 때문에 이에 대해 보다 적극적인 고려를 해야 할 것으로 판단된다.

주민기피시설 관련 입지갈등의 여러 문제가 상당부분 정치적 과정을 통해 여과될 수 있다는 점과, 지역주민의 의사를 공식적인 절차를 통해 결집시킬 수 있다는 측면에서 지방의회나 지역문제에 영향력이 있는 정치가들이 하나의 중재실체로서 상당한 역할을 할 수 있을 것으로 기대된다. 그러나 현실적으로 지방의회나 지역 정치가들은 또 다른 집단이기주의의 형태로 갈등 내지 분쟁의 원인이 될 수 있으므로 새로운 실체의 형성 또한 고려할 수 있을 것으로 보인다.

다원화된 사회에서 발생하는 입지갈등은 Rawls(1993)의 지적처럼 합리성과 합당성을 동시에 충족시켜 나가야 할 것으로 보인다. 따라서 기술적 합리성을 충족시켜 나가기 위해서는 중재자 역시 개별 사안에 대한 전문지식이 있는 실체가 중요할 것이고, 합당성을 충족시켜 나가기 위해서는 적어도 다양한 집단의 의견을 공정하게 반영할 수 있는 객관적인 실체의 참여가 중요하다. 결과적으로 사안이 복잡하면 복잡할수록 중재자집단은 위원회 형태로 운영되어야 할 것으로 보인다. 현재 각 분야의 전문가 내지 여론 형성자 역할을 하는 집단을 포괄하여 미래 지향형 위원회 형태로 조직해서 활용하는 경우가 있기 때문에 그와 같은 조직을 중재집단으로 적절하게 활성화시켜 나가는 것도 한 방법이 될 것이다.

(3) 중재협상의 한계

이제까지 주민기피시설의 입지갈등 문제에 대한 탄력적인 대처방안으로서 중재협상이 왜 필요한가의 문제와, 중재협상이 실제로 적용될 경우 참고할 수 있는 가상적인 과정을 논의하였다. 여기서는 실천적인 측면에서 중재협상이 안고 있는 애로점 내지 한계가 무엇인지를 밝혀 보고자 한다.

첫째, 중재협상의 유용성 내지 효과성이 불분명한 경우가 많다. 중재협상은 기본적으로 이해 당사자들의 상충된 이해관계를 확인하고 그 절충점을 모색해 들어가는데, 이 과정에서 흔히 중간선 접근을 택하는 것으로 알려져 있다. 그런데 그 중간선 접근이란 것이 당면한 갈등 내지 분쟁을 풀어가는 데는 기여하겠지만 그 자체가 진정한 문제해결이 된다는 보장이 없다. 예컨대 효과적인 중재협상이 되기 위해서는 우선 공익과 사익 간의 조화가 이루어졌는가, 사회적 형평성의 제고는 어떠한가, 합리적인 제도의 형성에 기여하고 있는가 등등이 고려되어야 하는데, 그와 같은 점들이 불분명하다.

둘째, 중재협상이 효과적으로 이루어지기 위해서는 우선 잘 훈련된 중재자의 존재가 필수적이다. 그런데 주민기피시설의 입지갈등 사안은 항시 어느 곳에나 존재하는 문제라기보다는 일부 지역에 불특정시기에 발생하는 사안으로 보아야 한다. 따라서 이와 같은 문제에 기여할 수 있는 중재자 집단이 상설적으로 존재하기 힘들고 사안이 생기면 임시적으로 형성되기가 쉽다. 이와 같은 경우 복잡하면서 전문적인 지식이 필요한 영역에 적합한 중재자를 적시에 발굴하는 것이 용이하지 않다. 현실적으로 지역 정치가, 지역 대학교수, 지역 시민단체 등에서 중재자 집단이 형성된다고 볼 수 있다. 그런데 시민의 이해관계에 직결되어 있는 복잡한 문제에 대해서는 지역 정치가는 물론이고 개별 사안에 대한 지역 전문가들 내지 지역 대학교수들조차 적극적으로 문제해결에 나설 수 있거나 나선다고 보기 어렵다.

셋째, 중재협상이 제대로 제도화되고 정착될 때까지는 중재자의 형태로 전면에 나서는 실체는 대개 시민운동단체일 가능성이 높다. 시민운동단체들은 대개 자발적인 비영리 봉사단체로서 기능하기 때문에 초기에 특별한 예산이나 기금의 지원이 없어도 중재자로 기능할 수 있다. 하지만 시민운동단체들은 대개 일반 대중의 광범위한 지지나 인식제고에 관심이 많기 때문에 현실적인 행정능력을 넘어서는 이상적인 제안을 주민기피시설의 시행주체에게 요구하기가 쉽다. 또한 지역주민들에게 현실성이 낮은 정보를 무차별적으로 제공하여 중재자로서 갈등을 해소하기 위해 노력하는 것이 아니라 갈등을 확대하거나 상호 간의 불신을 증폭시킬 수도 있다.

넷째, 중재협상은 진공상태에서 일어나는 것이 아니다. 중재협상이 제대로 진행되기 위해서는 무엇보다도 필요한 인력의 확보와 자금마련이 뒤따라야 한다. 그런데 주민기피시설 관련 입지갈등의 성격상 중재집단을 상설화하기 힘들고 따라서 적절한 자금을 안정적으로 마련한다는 것이 쉬운 일이 아니다. 그리고 갈등의 사안마다 다르겠지만 그 필요자금을 누가 얼마만큼 부담하는 것이 적정한가도 불분명하다. 서구사회의 경우 공익단체 내지 재단으로부터 기금을 지원 받아 중재협상에 필요한 자금으로 사용하는 것으로 알려져 있다.

정책적 시사점

주민기피시설로 인한 입지갈등의 해결과정은 당사자 간의 일방적인 교섭형태로는 갈등상태의 격화 내지 갈등상태의 지속으로 귀착하기 쉽다. 왜냐하면 다수의 이질적인 집단이 공존하는 상태에서 발생하는 갈등은 이해집단별로 진정한 선호도 또는 양보할 수 있는 범위가 분명하게 구체화되기 어렵기 때문이다. 결과적으로 실제적인 협상과정에서 불완전한 형태로라도 갈등의 해결방안을 모색하기 위해서는 당사자 간의 교섭과 양보를 유도할 수 있는 제3자적인 실체가 필요하게 된다. 갈등의 불완전한 해결형태로의 갈등해소방안은 갈등이 잠재되어 있다는 점에서 한계를 갖지만 사회적인 공통목표에 대해 당사자 집단이 공유하는 가치에 한계가 있을 때는 거의 불가피한 선택으로 생각된다.

주민기피시설로 인한 입지갈등은 입지갈등의 원인분석에서 명료하게 드러나듯이 당사자 집단이 공유하는 가치에 한계가 있으므로 시장에서의 당사자 간의 거래관계와 같이 갈등상태가 명료하게 매듭지어지기가 기본적으로 어렵다. 결과적으로 중립적인 중재집단의 도움을 얻어서 입지갈등을 해소하기 위해 노력할 필요가 있고, 적어도 불완전한 형태로라도 갈등해소방안을 도출하고자 하는 것이다.

주민기피성 공공시설이라 하더라도 그 시설은 대개 다양한 특성을 가지고 있다. 규모가 아주 큰 시설이 있는가 하면 그렇지 않은 것도 있고, 특정 지역사회 또는 여러 지역사회에 하나만 있어도 되는 시설이 있는가 하면 그렇지 않은 것도 있다. 또한 한시적으로만 부정적인 영향을 미치는 것도 있고 오랜 세월에 걸쳐 부정적인 영향이 지속되는 것도 있다. 따라서 입지갈등에 대한 대처 또한 아주 탄력적이고 유연한 방식이 모색되고 있다.

미래사회는 지식과 정보의 흐름이 사회 각 구성실체 간에 동시에, 그리고 다량 전달되는 네트워크 사회로 이행할 것으로 예상되지만, 주민기피시설로 인한 입지갈등과 같은 미묘한 사안은 특히 직접 관련 당사자 집단뿐만 아니라 중재자 집단 내지 간접적으로 영향력이 큰 집단들도 포괄하는 연계체계가 수립되어 있어야 할 것으로 보인다.

이와 같은 맥락에서, 이 장에서는 우선 입지갈등의 원인과 현황을 검토하고 입지갈등에 대한 대처방식들을 보상적 대처방식, 제도적 대처방식, 인식적 대처방식으로 나누어 살펴보았다. 그리고 합의형성과정으로서의 중재협상의 의미를 밝히기 위해 중재협상의 필요성, 과정, 한계에 대해 논의하였다. 이 논의에서 얻을 수 있는 요점은 주민기피성 공공시설의 입지지정과 관련하여 갈등구조의 기본적인 메커니즘에 대한 이해가 선결되어야 한다는 것과, 갈등을 불완전한 형태로라도 점진적으로 해결해 가기 위해서는 중재협상과 같은 유연하고 탄력적인 접근방식에 대한 의존도가 점점 높아질 수밖에 없다는 것이다.

제3장

기피시설의 입지갈등과 중첩적 합의

> 지역주민 및 지역 정치가들은 그들의 지역사회 내부 또는 근처에 주민기피시설들이 들어서는 것을 격렬하게 반대하고 있다. 교도소, 마약중독자 치료센터, 양육능력 없는 부모를 가진 병든 아이들의 보호시설, 보호 감호소, 고가도로와 청소트럭 차고, 쓰레기 소각시설, 그리고 무의탁자들이 거처할 곳 등을 찾아내는 것은 여간 어려운 일이 아니다. 님비(NIMBY) 현상은 이제 도시가 도시로서 제대로 기능하기 위해서 필수적인 시설들을 세우거나 입지하는 것을 거의 불가능하게 만들고 있다. 만일 행정부나 입법부의 지도자들이 두려움과 의심 등으로 이와 같은 님비현상에 적절하게 대처하지 못하면, 우리는 새로운 봉건제로 회귀하게 될 것이다. 그 방벽이 전 세계에 드리우게 되는 바로 그 순간, 우리는 우리 자신들이 님비라는 담에 의해 보호되는 봉건봉토의 상상 속의 안전으로 나아가고 있다는 것을 발견하게 될 것이다.

위의 인용문은 1977년부터 1989년까지 12년간 뉴욕 시 시장을 역임했던 Edward I. Koch가 시장 직을 떠나기 며칠 전인 1989년 12월 26일에 한 경고성 발언의 내용이다(Dear, 1992 : 288). 이 글은 현대 도시생활의 속성상 다양한 서비스 시설에 대한 의존이 필수적인데, 그 서비스 시설들 중 일부는 근린주민들의 반대로 인해 입지할 곳을 찾지 못하고, 결과적으로 그와 같은 서비스가 필요한 시민들이 큰 어려움에 처하게 될 것임을 지적하고 있다. 뿐만 아니라, 서비스 시설의 속성상 소수의 장소에 대규모로 공급하는 것이 다수의 장소에 소규모로 공급하는 것보다 사회경제적·환경적·위생적 측면에서 효율적임에도 불구하고 그와 같은 방안을 택하기가 점점 더 어렵다는 것을 세계적인 도시인 뉴욕 시 시정의 책임자였던 입장에서 간접적으로 피력하고 있는 것이다.

폐기물 매립시설 및 소각시설, 하수처리시설, 공원묘지시설, 정신병동 등 각종 기피시설의 입지갈등 문제는 정도의 차이는 있지만 산업화된 사회에서 거의 보편적으로 나타난다. 그런데 이와 같은 입지갈등 사안은 흔히 소모적이고, 경우에 따라서는 파괴적인 결과를 초래하여 관련 당사자 모두에게 바람직하지 못한 결과를 초래한다. 게다가 이와 같은 주민기피시설의 입지갈등 문제는 우리의 현재와 미래의 환경변수를 고려할 때 더욱 격화될 가능성이 높다.

이와 같은 입지갈등 사안을 해결하기 위해서 여러 가지 접근방법이 가능할 것이다.

첫째, 입지갈등의 원인을 기계론적인 분해방식을 통해 사안별로 낱낱이 파악하고, 그에 대한 대처방안을 행정 실무기관 위주로 마련하여 집행하는 방식이다. 주로 권위주의적인 사회에서 널리 채택되었던 방안들이다.

둘째, 입지갈등이란 기본적으로 갈등 관련자들의 인식의 반영이라는 측면에서, 행정기관 실무자들뿐만 아니라 해당 지역사회의 주민 등을 포괄하여 갈등 관련자들의 인식을 파악하여 긍정적인 반응을 유도할 수 있도록 그 인식수준에 영향을 주는 방안들을 마련하는 방식이 있다. 다원주의적인 서구사회에서 주로 강조된 방안들이다.

셋째, 첫째와 둘째의 접근방법을 나름대로 개선 발전시킨 형태로서 입지갈등의 원인을 기계론적인 분해방식에 입각하여 사안별로 파악하되, 대처방안의 모색과정에서 영향대상지역의 주민들을 절차상 참여시키고, 그 참여자들의 인식 내지 욕구실태를 파악하여 문제에 접근하는 보다 진전된 접근방법이다.

그런데 이 세 가지 접근방식은 주민기피시설의 입지갈등과 같이 동태적이고 복잡할 뿐만 아니라 분쟁자체가 '생명이 있는 실체'와 같이 살아 움직이는 경우 그 적용성에 상당부분 한계를 가질 수밖에 없는 공통적인 결함을 가지고 있다. 그 결함이란 바로 기계론적인 분해방식에 입각한 접근, 경직적인 틀에 입각한 해소전략의 집행 또는 이해 당사자들의 인식상태에 대한 정태적 파악을 전제로 갈등상황에 대한 정형적인 통제가 가능할 것으로 보고 있는 점들이다. 결과적으로 이와 같은 접근방식들은 환경변화에 대한 대처능력이 낮을 뿐만 아니라 다원화된 사회에서 추구되는 다양한 가치를 제대로 포괄할 수 없을 것으로 보인다.

이에 이 장에서는 이와 같은 제반 접근방식 내지 흐름을 참고하거나 보완하여 주민기피시설의 입지갈등 해소과정에서 유연하고 탄력적이면서도 시스템 전체의 역학관계를 포괄할 수 있는 중첩적 합의의 필요성 및 과정과 그 과정의 잠재적 적용성을 검토하고자 한다. 급격하게 변화하고 있는 환경(turbulent environment)하에서 경직적인 갈등대처방식은 아무리 정교한 방식을 고안하더라도 한계를 가질 수밖에 없을 것이다. 정치철학자인 Rawls(1993)의 구분에 따르면 기술적인 합리성은 충족시킬지 몰라도 합당성을 상실하기 쉽고[15], 그 결과 공유할 수 있는 가치 영역을 확대하기 어렵기 때문이다.

분석과정에서 주민기피시설과 관련한 정부와 주민 간의 갈등사안 108건을 살펴보게 될 것이다. 분석을 위한 기본 자료로는 행정자치부 외(1999) 「지방자치시대의 분쟁사례집 1, 2」를 이용한다. 이 보고서는 민선 1기(1995. 7.~1998. 6.) 3년 동안 발생·관리되고 있는 300여 건의 방대한 갈등사례를 행정자치부·국토연구원·한국지방행정연구원에서 공동으로 정리해 놓은 것으로, 본 연구의 기본 자료로 적절한 것이라 판단된다. 기본 자료를 이용한 분석은 두 단계로 진행되는데, 그 첫 번째는 우선 갈등사안별 상충가치들을 개별적 가치, 집단적 가치, 공익적 가치로 구분하고, 그 표출된 가치의 형태와 해결 여부 사이에 어떤 상관성이 있는지를 검토하는 단계이다. 두 번째 단계는 그 표출된 가치의 형태가 어떠하든 갈등 해소를 위해 협의, 토론, 공청회 등 합의도출을 위한 제반 노력의 정도와 해결 여부 사이에 어떤 상관성이 있는지 검토하는 것이다. 중첩적 합의의 필요성 및 과정을 분석하는 본 연구의 목적상 관련 사례를 이용하여 제한된 범위 내에서 다양한 가치들이 중첩되는 제반 과정과 그 결과를 분석하고자 한다. 주관성 평가의 적절성을 고려하여 합의도출을 위한 제반 노력의 정도는 강, 중, 약의 형태로 구분할 것이다.

주민기피시설의 입지 관련 갈등문제가 정부와 주민 간의 관계로 한정되는 것은 아니지만, 여기서는 시행주체로서의 정부와 시설입지대상지구의 피해자로서의 주민 간의 입지갈등 문제에 초점을 둔다. 공공부문과 공공부문 간, 민간부문과 민간부문 간에도 입지갈등 문제가 제기될 가능성이 항상 존재하

---

15) 상호보완적인 개념으로서, 합당한 것과 합리적인 것은 어느 쪽도 상대편 없이 홀로 존재할 수 없다. 단순히 합당하기만 한 행위자는 공정한 협력에 의해 추진하고자 하는 자신만의 목적을 가지지 못할 것이다. 또 단순히 합리적이기만 한 행위자는 정의감을 결여하고 있고 타인의 주장의 독립적 타당성을 인정하지 못할 것이다(장동진 역, 1998 : 65).

고 있다. 하지만 공공부문과 공공부문 간의 입지갈등 문제는 비용부담 관계를 통한 경제적인 문제, 관할영역의 문제, 행정제도적인 문제가 대부분이며, 그 갈등은 대개 공식적인 채널을 통해 해결되고 있다. 그리고 민간부문과 민간부문 간의 입지갈등 문제는 기본적으로 시장메커니즘의 질서와 해당 집단들 간의 문제로 한정되는 경우가 대부분이기 때문이다.[16)]

입지갈등에 대한 이론적 검토

주민기피시설의 입지갈등은 그것이 가시적인 형태로 드러나든 잠재적인 현상으로 존재하든 대개 복합적인 원인에 기인하고 있다. 이와 같이 복잡 다양한 입지갈등의 해소방안을 모색하기 위해서는 우선 그 기본적 원리에 대한 이해와 현황에 대한 파악이 필수적이다. 따라서 여기서는 입지갈등의 원인을 이론적인 측면에서 분석하고, 이어서 관련 자료를 이용하여 그 실태를 분석한다.

다양한 도시 시설들은 그 속성상 근린주민들이 선호하는 시설이 있는가 하면 기피하는 시설도 있다. 그런데 대부분의 도시 시설들은 그 기능적 측면이나 경제적 측면을 감안할 때, 나름대로의 적정규모를 가지고 있기 때문에 선호시설과 기피시설을 혼합한 후 아주 작은 단위로 분할해서 공급할 수는 없다. 즉, 선호시설과 기피시설은 나름대로 규모의 불가분성(indivisibility)을 가지고 있기 때문에 이와 같은 시설들을 공간상에 공급 내지 배치할 경우,

---

16) 한 설문조사 결과에 의하면 주민기피시설의 입지갈등 중 주민과 지방정부 간의 분쟁조정이 가장 어렵다고 밝힌 경우는 전체의 55.1%, 주민과 사업자 간이 가장 어렵다고 밝힌 경우는 29.8%, 지방정부와 중앙정부 간이 가장 어렵다고 밝힌 경우는 8.0%, 지방정부 상호 간이 가장 어렵다고 밝힌 경우는 5.7% 등으로 나타났다(사득환, 1998 : 121-122).

불가피하게 이익을 보는 집단과 손실을 보는 집단이 발생하게 된다. 실행가능성이라는 측면은 일단 논외로 하고 논리적인 측면에서만 본다면, 이와 같은 사안은 이익과 손해의 양을 적정하게 파악하여 이익을 본 만큼 기여하게 하고 손해를 본 만큼 보상을 함으로써 해결할 수 있다. 그런데 왜 이와 같은 과정이 제대로 작동되지 않는지를 분석해야 할 것이다.

여기서는 입지갈등이 불가피하게 빚어지는 이유를 시설 자체의 속성, 시설 시행주체의 속성, 시설입지 대상지역 주민의 속성, 그리고 시설의 외부변수인 환경변수 등 크게 네 가지로 나누어 검토한다.

(1) 시설 자체의 속성

주민기피시설은 시설별로 운영상의 경제적·기능적 측면에서 적정규모를 가지고 있다. 시설의 종류와 시설이 입지하는 공간영역의 특성에 따라 차이는 나겠지만, 특정 공간영역별로 특정 시설에 대한 수요량이 제한되어 있음은 분명하다. 그런데 시설규모의 제한적 불가분성이라는 시설 자체의 속성 때문에 시설로 인한 편익의 귀착지점과 손실의 귀착지점 간에 큰 차이가 발생할 수 있다. 이 경우에 편익을 보는 집단들은 편익측면을 제대로 인식하지 못하거나 인식한다 하더라도 소극적으로 대처하기 쉽다. 하지만 손실을 보는 집단들은 대개 손실에 대한 인식도 빠르고 적극적인 반응을 나타내기 마련이다.

해당 시설로 인한 편익은 일정 권역 내의 주민들에게 비교적 골고루 향유되지만, 비용은 해당 시설과의 거리에 따라 큰 차이가 난다는 것을 [그림 3-1]은 잘 보여주고 있다.

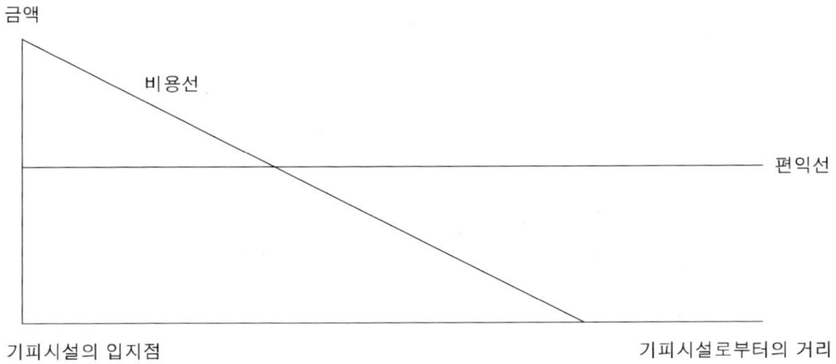

자료 : Smith(1977 : 116-118), 김용웅 · 차미숙(1997), 국토개발관련 분쟁의 발생실태와 조정방안에 관한 연구, 「국토개발연구원」, 13의 재인용.

[그림 3-1] 기피시설의 입지에 따른 비용과 편익

그런데 통상 각종 폐기물 매립지나 소각시설, 정신병동 등은 주민기피시설로서 근린주민들로부터 부정적인 반응을 초래하지만, 그 부정적인 반응의 정도가 전체 시설별로 동일한 것은 아니다. 매립지나 소각시설의 경우만 하더라도 잘 정비된 시설과 그렇지 않은 시설들 간에는 부정적인 반응의 정도가 다르게 나타나고, 특히 정신병동 등의 경우 시설 자체의 특성이나 주변 경관 등에 의해 반응에 상당한 차이가 있다. 즉 시설의 물리적 외관이나 주변 경관 등의 정비가 시설에 대한 반응에 영향을 미치고 있는 것이다.

(2) 시설 시행주체의 속성

주민기피시설의 입지 관련 갈등문제는 시설입지로 인해 근린주민들이 피해를 입을 수 있다는 인식에서 출발한다. 따라서 시행주체의 입장에서 그와 같은 입지갈등을 해소 내지 완화하기 위해서는 우선 시설입지로 초래될 손실의 범위나 규모가 어느 정도인지를 알 수 있어야 한다. 둘째, 그 파악된 내용을 관련 이해 당사자들에게 전달 내지 설득할 수 있어야 한다. 셋째, 그 손실을 보상해 줄 의사와 실제적인 능력을 가지고 있어야 한다. 주민기피성 공공사업의 시행주체인 정부가 많은 인원과 예산 등을 가지고 있어서 이와 같은 사안에 적절히 대처할 수 있을 것으로 막연히 기대하는 시민들이 적지 않지만 사실은 그렇지 못한 경우가 대부분이다.

우선 기피시설의 입지로 초래될 수 있는 손실의 범위나 규모를 파악하기가 어렵다. 생활폐기물 소각시설의 경우만 하더라도 그 피해의 공간적 범위가 어디까지인지, 근린주민들의 경제적 · 심리적 · 보건상의 피해가 어느 정도인지를 파악하는 것이 여간 어렵지 않다. 그리고 보상문제와 관련하여 피해의 정도를 구체화할 수 없으면 시행주체와 피해 당사자 간의 관계는 흔히 시장에서 상인과 손님이 거래나 흥정을 하는 것과 같은 상황에 빠지기 쉽다. 시행주체가 기피시설로 인한 입지피해를 제대로 파악한다 해도 그 결과를 객관화할 수 없으면 그 내용을 관련 당사자들에게 제대로 전달할 수 없게 되고, 이 역시 시장에서의 거래나 흥정과 같은 상황으로 귀착된다. 이에 더하여, 피해를 보상해 줄 수 있는 능력을 시행주체로서의 개별 자치단체가 가지고 있는지의 여부는 또 다른 차원의 문제로 지적되어야 한다. 실제에 있어서 개별 공공사업의 시행주체는 제한된 예산과 인력의 범위 내에서 움직인다.

그 밖에 시행주체로서의 정부가 정치적 메커니즘에 민감하게 반응하여 반대가 예상되는 사안들에 대해서는 근본적인 문제해결을 기피하고 임기응변적으로 대처한다든지, 또는 관료조직의 특성상 현실적응력이 낮다든지 하는 점들이 지적될 수 있을 것이다.

(3) 시설입지 대상지역 주민의 속성

입지갈등의 출발점은 해당 지역사회에 미치는 시설의 부정적인 효과이겠지만, 해당 지역사회의 속성이 그 입지갈등의 정도에 영향을 미치는 것 또한 사실이다. 1989년도에 미국에서 실시된 전국적인 조사인 Daniel Yankelovich Group 보고서(1990)는 주민기피시설의 부정적인 효과에 대해서 고소득, 남성, 고등교육, 전문직, 기혼, 주택 소유자, 대도시 또는 그 교외에 거주하는 집단들이 보다 강하게 반대하고 있는 것으로 밝히고 있다. 이와 같은 집단들은 대개 어느 사회에 있어서건 상대적으로 영향력이 높은 사회집단들이다.

Daniel Yankelovich Group의 보고서(1990)는 일반대중의 인식차이에 따른 수용태도의 차이를 지적하고 있지만, 동일한 조사 자료를 보다 깊이 있게 분석한 Takahashi and Dear(1997 : 84-89)는 AIDS환자용 집단시설, 알코올 중독자 재활센터, 약물 중독자 치료센터, 정신지체자용 집단시설, 노인요양소 등이 유의수준 5%하에서 지역사회별 시설수용반응에 차이가 나는 시설이라는 연구결과를 밝히고 있다. 즉 동일한 시설이라 하더라도 지역사회별로 반응이 제각각 다르게 나타날 수 있다는 것이다.

게다가 지역사회의 반대는 기존의 권익보호라는 대응적 참여형태에서부터 과거의 불평등을 시정하기 위한 적극적 행위에 이르기까지 복합적인 동기로 이루어져 있다고 볼 수 있다(Takahashi and Dear, 1997 : 91). 따라서 후자의 경우에는 이제까지 소극적인 반대를 보이는 것으로 여겨졌던 지역사회가 오히려 더 강한 반대를 표출할 수도 있다. 즉 주어진 시대여건과 상황에 따라 주민기피시설에 대한 지역사회의 반응은 다양하게 나타날 수 있다(박종화, 1999 : 191).

(4) 시설의 외부변수인 환경변수

입지갈등이란 사안을 제대로 파악하기 위해서는 그 갈등을 빚어내는 내부적인 요인과 함께 그 외부적인 환경변수에 대한 고려가 필수적이다. 내부적인 요인은 동일하다 하더라도 외부적인 요인에 의해 나타나는 현상들 간에는 큰 차이가 날 수 있기 때문이다. 결과적으로 각 사안별로 그 사회가 직면하고 있는 정치·경제·문화 등 제반 환경변수를 고려한 대안을 모색할 필요가 있다. 환경변수에 대해서는 최근 중재의 역할에 많은 관심이 표명되고 있다. 이는 주민기피성 입지갈등 사안 자체가 복잡 다양하고 동태적인 속성을 가지고 있어 당사자 간의 직접적인 협의가 문제해결에 별반 도움이 되지 못하기 때문인 것으로 보인다(박종화, 1999).

전 세계적으로 정보화와 개방화의 물결, 세계화와 지방화의 물결, 그리고 환경운동 등 시민운동의 활성화가 상승적으로 작용하여 부(負)의 외부성이 강한 기피시설의 입지문제가 전통적인 방법으로는 점점 더 해결하기 어려워지고 있다. 특히 우리나라의 경우에는 권위주의적인 정부의 갑작스러운 몰락 등으로 공공부문이 주도적으로 하는 일이 정상적인 협의조차 용이하지 않은 경우가 많다. 고도산업화와 도시화의 흐름은 소득의 향상과 함께 일반 시민들의 '삶의 질'에 대한 욕구를 증가시키는데, 기피시설의 입지는 대개 '삶의 질'에 손상을 줌으로써 입지갈등 문제를 원초적으로 내재하게 된다.

이와 같은 입지갈등은 가능하면 당사자 간의 협상을 통한 합의로 해결해야 한다. 그런데 주민기피시설의 입지문제와 같이 대개 사안 자체가 복잡하고 이해관계 및 피해 집단을 파악하기가 용이하지 않을 때, 당사자 간의 직접 협의해결은 어려울 수밖에 없을 것이다. 이와 같은 경우 중립적 실체로서의 제3자가 개입하는 중재협상형태가 바람직한 방안이 될 수 있다. 그런데 중재협상이 제대로 기능하기 위해서는 여러 가지 선결조건이 필요하다. 유능한 중재인의 발굴 및 육성은 물론이고 필요한 재원의 안정적인 확보문제 등이 그것이다. 게다가 공공부문과 민간부문 간의 중재협상의 경우, 그 구체적인 실체가 어떤 것이어야 경제적인 측면에서 비용절약적이고 기능적인 측면에서 효과적인가 하는 것 등이 아직 이론적으로 명쾌하게 밝혀져 있지 않다.

입지갈등에 대한 실태분석

우리나라의 경우 주민기피시설의 입지갈등은 대략 1980년대부터 심각한 사회문제로 부각되고 있다. 소득수준의 전반적 상승, 정보화와 개방화의 급속한 진전, 권위주의적인 정치체제의 급격한 몰락, 사회적 소외집단의 권리주장 강화 등은 서로 상승적인 작용을 하면서 주민기피시설의 입지갈등 문제를 증대시키고 있는 것으로 보인다. 게다가 지방화와 지방자치의 흐름은 주민기피시설의 입지갈등 문제를 더욱 복잡한 형태로 진전시키고 있다.

이론적 논의에서 드러나듯이 입지갈등은 당사자 집단이 공유하는 가치에 한계가 있기 때문이다. 따라서 입지갈등에 대한 실태분석을 위하여 갈등사안별 상충가치와 해결여부와의 상관성을 살펴볼 필요가 있다. 여기서 입지갈등 사안별 상충가치를 분석하기 위해 이용하는 행정자치부 외(1999) 「지방자치시대의 분쟁사례집 1, 2」는 민선 1기(1995. 7.~1998. 6.) 3년 동안 발생 · 관리되고 있는 300여 건의 갈등사례를 행정자치부 · 국토연구원 · 한국지방행정연구원에서 공동으로 정리한 것이다. 이 중 주민기피성 정부-주민 간 입지갈등 사례 108건을 선정하고, 각 사안별 상충가치들을 다음과 같은 기준에 따라 저자가 개별적 가치, 집단적 가치, 공익적 가치로 구분한다.

- **개별적 가치** : 상충되는 가치가 단일한 경우 또는 상충구도가 양자구도로 단순할 때, 예컨대 보상대책에 관한 이해상충이나 사업시행자의 일방적 시행으로 인한 갈등사안을 생각할 수 있다.
- **집단적 가치** : 개별적 가치에 비해 복잡한 형태의 이해상충형태로서, 상충되는 가치가 복수의 형태로 존재하거나 상충구도가 복잡한 형태로 나타난다. 흔히 시민(환경)단체가 관련 이해 당사자로 등장하며 환경보전

등의 공익적 내용보다는 개별 집단들의 이해관계 주장이 두드러진다.

- **공익적 가치** : 환경보전이나 문화재 보전 등과 같이 불특정 시민 내지 차세대를 위한 요구로 인한 이해상충의 형태이다. 주민이나 정부뿐만 아니라 관련 시민(환경)단체가 공익적 내용에 대한 갈등의 직접적인 당사자로 개입하게 된다.

따라서 그 표출된 가치의 형태와 해결 여부 사이에 어떤 상관성이 존재하는지를 제1단계로 검토한다. 이어서 제2단계는 그 표출된 가치의 형태가 어떠하든 갈등 해소를 위해 협의, 토론, 공청회 등 합의도출을 위한 제반 노력의 정도와 해결 여부 사이에 어떤 상관성이 존재하는지를 검토한다. 그리고 주관성 평가의 적절성을 고려하여 합의도출을 위한 제반 노력의 정도는 강, 중, 약의 형태로 구분한다.

[표 3-1] 정부-주민 간 입지갈등 사례(108건)

사례		상충가치			해결 여부		협상정도
		개별적 가치	집단적 가치	공익적 가치	해결	미해결·갈등	
쓰레기 처리 시설 (50)	목동 자원회수시설 증설 분쟁	○	×	△	○		◎
	마포 자원회수시설 건설 분쟁	○	△	×	○		○
	도봉 자원회수시설 건설 분쟁	○	×	×	△		○
	노원 자원회수시설 건설 분쟁	×	○	△	○		◎
	생곡매립장 침출수 유출사태로 주민과 마찰	○	×	△	△		∘
	구포동 쓰레기소각장 관련 분쟁	△	×	○	○		◎
	고양시 소각시설 안전성 확보에 따른 지역민원 해소	○	×	△	○		◎
	중동 폐기물소각장 폐쇄 요구	○	×	△	△		◎
	수원시 세류동 쓰레기집하장 설치 주민 반대	○	△	×	△		◎
	의정부시 쓰레기소각장 증설계획 반대	△	○	×	○		◎
	부천시 폐기물종합처리시설 건설공사 반대	○	×	×	○		○

	군포시 산본 쓰레기소각장 건설 분쟁	△	○	×	○		◎
	홍성 쓰레기위생매립장 설치 강행에 반대	○	×	×	○		◎
	예산 지정폐기물 처리시설 반대	×	△	○	△		◦
	경주시 건천읍 쓰레기소각장 건설 주민 반대	○	△	×	○		◎
	고령군 쓰레기매립장 조성 주민 반대	○	×	△	○		◎
	사도 쓰레기매립장 사후공사 미비로 주민 반대	○	×	×	○		○
	밀양 기산일대 혐오시설 집중 주민 반대	○	×	×	△		◎
	무안 지역주민 쓰레기매립장 조성 반대	○	×	×	○		◎
	합천 쓰레기매립장 건설추진 주민 반대	○	×	×	○		○
	서귀포시 신규 쓰레기매립장 시설 조성 반대	○	△	×	○		◎
	서귀포시 쓰레기매립장 사용기간 연장 반대	△	○	×	○		◎
	광양 죽림 쓰레기매립장 조성사업 반대	○	△	×	○		◎
	장흥군 농어촌 쓰레기위생매립장 설치 합의	○	×	△	○		◎
	장성군 쓰레기위생매립장 설치 주민 반대	○	△	×	○		◎
	춘천시 혈동리 생활폐기물 처리시설 반대	△	○	×	○		◎
	동해시 폐기물 종합단지 조성 반대	○	×	×	○		◎
	태백시 쓰레기매립장 조성사업 반대	○	×	△	△		○
	당진 쓰레기매립장 조성 관련 분쟁	○	×	×	○		◎
	진주시 광역쓰레기매립장 건설 사업	○	×	×	○		○
	경기도 화성산업폐기물처리장 건설 관련 분쟁	×	○	△	○		◎
	김포 수도권 광역쓰레기매립장 건설 분쟁	△	○	×	△		◎
쓰레기처리시설	김포 학운리 특정 산업폐기물소각장 건설 관련 분쟁	○	△	×	○		◎
	경산 하양 쓰레기매립장 후보지 주민 반대	○	×	△	○		○
	성주 대황리 쓰레기매립장 조성 주민 반대	○	△	×	○		◎
	남원시 주생면 광역쓰레기매립장 조성 주민 반대	○	×	×	○		◎
	전주시 호동골 쓰레기매립장 조성 분쟁	○	×	×	○		◎
	산업폐기물소각장 설치 주민 반대	×	△	○		○	○
	광주 동림동 폐기물처리시설 설치 주민반대	○	×	×		△	◦
	달성군 쓰레기매립장 확장 주민 반대	○	△	×		△	◎
	온산 쓰레기매립장 조성 반대	△	○	×		△	◎
	두서 활천 폐기물매립장 조성 반대	○	×	×		○	◦
	남양주권 쓰레기처리시설 설치	○	△	×		△	◎
	포항 흥해읍 폐기물매립장 설치 반대	△	○	×		△	○
	포항 대보면 산업폐기물매립장 설치 반대	×	○	△		○	◎
	구미 쓰레기매립장 조성 주민 반대	○	×	×		△	○

	경산 환경관리종합센터 설치 주민 반대	○	△	×		△	○
	봉화군 쓰레기매립장 설치 반대	△	×	○		△	◎
	고창 쓰레기매립장 건설 주민 반대	○	×	△		△	∘
	고성 농촌 폐기물 종합처리시설 조성 반대	△	○	×		△	◎
하수·분뇨처리시설(11)	의왕시 부곡하수처리장 건설 분쟁	○	△	×	○		◎
	포항 축산물종합처리장 건설 반대	○	×	×	○		◎
	영천 하수종말처리장 무산 위기	△	○	×	○		◎
	고령 하수종말처리장 설치 반대	○	×	×	○		◎
	정선 분뇨처리장 설치 반대	×	○	△	○		◎
	제주시 도두동 주민 하수종말처리 고통 호소	○	×	×	○		◎
	남양주시 수동 하수종말처리장 건설	△	○	×	△		○
	서귀포시 분뇨연계처리시설 추진사업 변경 요구	○	×	×	○		◎
	익산시 왕궁 축산폐수처리시설 관련 분쟁	○	×	×	○		○
	속초시 대포동 하수처리장 건설 관련 분쟁	×	△	○	○		◎
	남제주군 동부 광역하수종말처리시설 건설사업 반대	○	×	×	○		◎
위험·기피시설(37)	침례병원 영안실 위치에 따른 주민 반대	○	×	×	○		∘
	부산시 영락공원 납골당 증설계획에 주민 반대	○	×	×	○		◎
	부산 다대변전소 설치 주민 반대	○	×	△	○		◎
	한국티타늄공장 건립 반대	×	△	○	△		○
	LPG 충전소 설치 반대	○	×	×	○		◎
	부천시 원미구 장례식장 건축 반대	△	○	×	○		○
	포항교도소 건설 주민 반대	△	○	×	○		○
	거제시 고현항 폐유저장시설 설치 분쟁	×	○	△	○		∘
	거창 양돈단지 설립 주민과 마찰	△	○	×	○		◎
	성산읍 난산리 사격장 설치 반대	×	○	△	○		◎
	인제 기린면 군(軍)복지회관 건립 반대	○	×	×	△		∘
	동해시 공설묘지 조성 반대	○	×	×	○		○
	고성 명파지역 원전 및 핵폐기물처리장 건설 반대	○	×	△	△		○
	나주시 장의시설 건립 주민 반대	○	×	×	△		○
	곡성 석유비축기지 건설 반대	×	○	△	○		◎
	진주 이현 변전소 건설 관련 한전과 주민의 마찰	○	×	×	○		◎
	굴업도 핵폐기물처리장 건설사업	○	×	×	○		○

	석모도 화력발전소 건설백지화와 강화그린프로젝트	×	△	○	△		◎
	경북 저유소 건설 주민 반대	○	×	×	○		○
	둔치도 연료단지 조성공사 주민 반대	△	○	×		△	○
	춘천 학곡리 엔젤장례식장 건축 관련 분쟁	○	×	×		△	◎
	태백시립공원묘지 조성사업 반대	×	△	○		○	○
	고리 원전 추가건설 반대	○	×	×		○	○
	옥동 군부대 두왕동 갈현마을 이전 반대	○	×	×		△	○
	수진동 한전 고압변전소 건설 반대	△	○	×		○	○
	울진 원전 추가건설 반대	○	×	×		○	◎
	안동 공설공원묘지 조성사업 주민 반대	△	○	×		△	◎
	경산 하양읍 공원묘지 주민 반대	○	×	×		○	○
	경산 남천면 하도리 대구공원묘지 주민 반대	○	×	×		○	◦
	남원시 공원묘지 건설 주민 반대	○	×	×		△	◎
	군산시 LPG공급기지 건설 주민 반대	○	×	×		△	○
	삼척 원전후보지 선정 반대	×	○	△		○	◦
	고압송전선로 및 신태백변전소 설치 반대	○	×	×		○	◎
	영광원전 측 방류제방 설치 결정에 주민 반대	×	○	△		○	◎
	영광원전 1-4호기 피해에 따른 주민과 한전 간 마찰	○	×	×		○	○
	국방·군사시설 이전에 따른 주민 반대	△	○	×		○	◎
	신도림동 공해공장 이전을 둘러싼 환경분쟁	×	△	○		○	○
사회복지시설(10)	사회복지시설(정신요양시설) 설치 반대	△	○	×	△		○
	노인 건강(치매)센터 건립 주민 반대	○	×	×	○		◎
	달서구 청소년수련관 건립 주민 반대	○	×	×	○		◎
	상북 등억 노인병원 건립 반대	○	×	×	○		○
	도립 우산청소년야영장 건립사업 반대	×	○	△	△		◎
	전남 교육청, 상록수 인근 청소년수련원 건설 반대	×	○	△	○		◎
	해남정신병원 설립 주민 반대	○	△	×	○		◎
	노인전문병원 건립 주민 반대	○	△	×	○		◎
	입곡군립공원 인근 장애인 복지시설 설치 반대	△	○	×		△	◎
	장애학교 건립에 관련된 분쟁	○	×	×		○	○

주 : 1) 분쟁사안별 상충가치의 상대적 영향도에 따라 높음(○), 중간(△), 낮음(×)으로 표시.

중간과 낮음을 구분하기 곤란한 경우는 둘 다 낮음(×)으로 표시.
2) 해결사례와 미해결 사례에서 그 정도에 따라 ○와 △로 표시. △는 불완전해결 내지 장래에 해결될 소지가 있는 미해결을 표시.
3) 협상정도는 이해 당사자 간에 협의, 토론, 홍보와 설득 등 이해증진의 기회가 충분히 주어졌는가에 따라서 강(◎), 중(○), 약(◦)의 형태로 표시.

[표 3-1]의 결과를 이용하여 분쟁사안별 상충가치의 상대적 영향도, 협상의 정도와 해결 여부를 표로 정리하면 [표 3-2]와 [표 3-3]으로 표시할 수 있다.

[표 3-2] 갈등사안별 상충가치의 상대적 영향도

(단위: 건, %)

영향도	상충가치			소계
	개별적 가치	집단적 가치	공익적 가치	
강	69(64%)	30(28%)	9(8%)	108(100%)
중	21(33%)	21(33%)	22(34%)	64(100%)
약	18(12%)	57(37%)	77(51%)	152(100%)

[표 3-3] 협상의 정도와 해결 여부

(단위: 건, %)

협상정도	협상여부			소계
	해 결	중 간	미해결	
강	44(69%)	15(23%)	5(8%)	64(100%)
중	13(38%)	13(38%)	8(24%)	34(100%)
약	2(20%)	5(50%)	3(30%)	10(100%)

[표 3-2]의 상충가치 항목을 검토하면 우선 개별적 가치가 갈등상황에서 주도적 형태로 나타나는 경우는 전체의 64%이고, 집단적 가치는 28%이며, 공익적 가치는 8%에 불과하다. 이는 최근까지 우리나라에서 발생한 정부-주민 간 입지갈등의 경우 개별 이해관계 주장에 따르는 이해상충이나 시행기관의 일방성으로 인해 촉발되는 양자 간의 대결구도가 지배적이라는 것을 나타

낸다. 특히 공익적 가치로 인한 갈등사안의 비중이 전체의 8%에 불과한 것은 정부-주민 간 입지갈등의 형태가 아직 미성숙한 상태에 있음을 시사한다고 볼 수 있다. 다만 복잡한 형태의 이해상충 내지 복합적인 이해상충구도를 나타내는 집단적 가치가 갈등사안에서 지배적인 경우가 28%에 이르는 것은 갈등 해결 방식에 있어서 전통적인 단순한 방식 적용에 한계가 나타날 것임을 시사한다.

상충가치 중 어느 가치가 지배적인가 하는 것과 해결여부 사이에는 어떤 일관성을 찾기 어려울 정도로 거의 무작위 분포의 형태가 나타나고 있다. 즉, 두드러진 상충가치의 형태와 해결 여부 사이에는 정(正)이든 부(負)이든 상관관계를 찾기 어렵다. 따라서 협상의 정도와 해결 여부와의 관계를 분석해 본 결과 흥미롭게도 협상의 정도와 해결 여부 사이에는 상당히 강한 정의 상관성이 나타난다. 협상의 정도가 강할 때 해결로 나타난 경우가 69%, 중간으로 나타난 경우가 23%, 미해결로 나타난 경우가 8%이다. 협상의 정도가 중간일 때 해결로 나타난 경우가 38%, 중간으로 나타난 경우가 38%, 미해결로 나타난 경우가 24%이다. 그리고 협상의 정도가 미약할 때 해결로 나타난 경우가 20%, 중간으로 나타난 경우가 50%, 미해결로 나타난 경우가 30%이다. 이와 같은 결과는 해결과 미해결의 여부와 합의 형성에 이르는 제반 노력들, 예컨대 이해 당사자 간의 지속적인 대화와 설득, 설명회 개최, 토론 등의 사이에는 정의 상관관계가 비교적 높게 나타난다는 것이다.

다시 말하면, 특정 갈등 내지 분쟁사안이 아니라 민선 1기 3년 동안 발생한 거의 모든 정부-주민 간 주민기피성 입지갈등 사례를 분석 대상으로 검토해 보았을 때, 갈등사안의 해결과정에서 합의형성 노력이 차지하는 비중이 높다는 것을 알 수 있다. 따라서 우리는 이와 같은 합의형성과정에 대한 보다 깊이 있는 분석을 계속할 필요가 있다. 동일한 맥락에서, 이론적 측면에서 다양한 가치갈등의 공유영역을 확대하고자 하는 중첩적 합의의 필요성, 과정, 그리고 그 적용성을 검토한다.

중첩적 합의의 모색

앞에서 논의되었듯이 입지갈등의 원인은 다양한 역할 주체들의 결합적 상호작용으로 파악할 수 있다. 다양한 사안과 시점의 측면에서 종합적으로 바라보면 그 역할 주체들 간의 역학관계는 더욱 복잡한 형태로 나타날 수 있다. 따라서 입지갈등이란 현상 그 자체를 어떤 단일한 실체로 파악하여 정형적인 문제해결 방식 내지 단일한 정답이 존재할 것으로 가정하여 입지갈등 문제에 접근하는 것은 한계가 있는 것으로 보인다. 따라서 이 장에서는 입지갈등의 실태를 개략적인 차원에서 먼저 검토하고, 다양한 상충가치들이 현실적인 갈등사례에서 어떤 형태로 나타나며, 갈등의 해결 및 미해결과정에 무엇이 중요한 변수로 작용하는지 분석하고자 하였다. 분석결과, 다양한 가치들의 동시적 충족영역의 확대, 다시 말해서 중첩적 합의영역의 확대를 위한 제반 과정이 갈등사례의 해결 및 미해결과 상관관계가 높게 나타나고 있다. 따라서 여기서는 복합적이고 유동적인 사안에 대처할 수 있는 보다 유연하고 탄력적인 대안모색 방안으로서의 중첩적 합의를 이론적 측면에서 살펴보고자 한다.

(1) 왜 중첩적 합의인가?

다원적인 사회에서 비롯되는 가치갈등의 중첩적 합의란 여러 측면에서 접근될 수 있다. 정치철학자인 Rawls(1993)가 명료하게 구분하고 있는 합리적인 것(the rational)과 합당한 것(the reasonable) 간에는 물론이고 합당한 가치들 간에도 갈등이 빚어질 수 있다. 성별, 종교, 이념, 문화 등의 차이에 따른 가치갈등은 각각 합당하지만 기계론적인 단순 합의가 불가능할 수 있다. 우리가 다원화된 민주사회를 현실로 받아들일 때 갈등문제를 해결하기 위한 최선의 방안은 Rawls의 언급(장동진 역, 1998 : 9)처럼 불일치의 범위(the range of disagreement)를 축소하는 것일 것이다. 사회 협력적 체계 내지 사회적 협력[17]의 공정한 조건은 자유롭고 평등한 시민들이 합의하는 것이라는 Rawls의 주장(장동진 역, 1998 : 28)과, 기계론적인 세계관이 아닌 유기체론적인 세계관을 받아들인다면 그 합의는 단일적 합의의 형태라기보다 중첩적 합의의 형태를 띠게 될 것으로 보인다.

주민기피시설의 입지갈등과 같이 사안의 성격 자체가 대개 복잡 미묘하고 유동적이며, 관련 실체들이 다수이면서 그 경계를 확정하기 곤란한 경우에는 특히 기계론적인 관점의 적용성이 낮을 것으로 보인다. 하지만 최근까지 현대문명이 기계론적이고 분해적인 관점을 토대로 발전해 왔다는 것을 부인하기는 어렵다. 그런데 현실세계에 있어서 기피시설의 입지갈등과 같이 복잡하고 미묘한 사안의 경우, 정확한 관찰과 적절한 투입만으로 시스템의 전체 흐름을 기계와 같이 의도한 대로 움직여 갈 수 없다는 것이 점점 더 명확해지고 있다.[18] 기계는 속성상 복제될 수 있고 투입된 대로 움직이지만 다원화된

17) Rawls는 사회적 협력의 개념을 다음의 세 가지 요소로 설명하고 있다(장동진 역, 1998 : 19-20). 첫째, 협력은 단지 사회적으로 조정된 행동과는 다르다. 둘째, 협력은 협력의 공정한 조건(terms)으로서 상호성의 개념(the idea of reciprocity)을 포함한다. 셋째, 사회적 협력의 개념은 각 참여자의 합리적 이익 또는 선(good)의 개념을 요한다.

18) Senge(1990 : 68-73)는 복잡성을 세부 복잡성(detail complexity)과 동적 복잡성(dynamic complexity)이라는 두 가지 유형으로 구분한다. 세부 복잡성이란 할인점의 재고정리와 같이 관련 내용이 많아서 복잡한 경우를 말하고, 동적 복잡성이란 그 원인과 결과를 포착하기 힘들며 정책 개입의 효과가 장기적으로 어떻게 나타날지 불분명한 경우를 일컫는다. 주민기피시설의 입지갈등과 같이 대개 사안이 복잡 미묘하고 정책 개입에 대한 장기적인 효과가 불분명한 경우, 동적 복잡성 측면에서 문제에 접근해야 하는데 세부 복잡성 측면에서 문제에 접근함으로써 복잡한 문제를 해결하기 위해 더욱 복잡하고 정교한 방안을 모

현실세계의 복합문제는 대개 그렇지 못하다. 사안 자체가 단일하고 정태적인 것 같지만 환경과 지속적으로 상호작용하고 환경 자체를 변화시킨다. 결과적으로, 사안별 합의과정은 참여자와 맥락에 의해서 복합적 특성을 지니게 되고 그 과정을 전체적인 시각에서 바라보면 여러 장의 관련된 사진들을 겹친 것과 같은 중첩적 특성을 지니게 될 것이다. 중첩적 합의 형성은 네트워크화된 현실사회에서 관련 당사자들의 동의와 적절한 행동을 확보할 수 있는 수단일 뿐만 아니라 불확실하고 복잡하며 논쟁적인 사안에 대처하는 중요한 방법이 될 수 있다. 중첩적 합의의 형성은 갈등의 골이 깊고 관련 당사자들을 확정하기 어려운 상황에서도 정보 내지 지식의 공유 및 연계를 확대할 가능성이 크다. 그리고 그와 같은 속성은 갈등의 자기 파괴적인 패턴을 최소화시켜 적응적 개선의 여지를 넓혀 갈 것이다.

불확실성이 높고 급변하는 현실사회에서 중첩적 합의의 형성은 자기 발전적인 특성을 가질 수 있다. 다른 조건이 동일할 때, 중첩적 합의의 형성은 단일적 합의에 비해 상대적으로 환경으로부터 정보를 수집하는 데 유리할 뿐만 아니라 관련자들 간에 보다 효과적인 연계를 맺을 수 있고 학습을 가능하게 할 것이기 때문이다. 복잡한 현실세계에서 불가피하게 빚어지는 갈등 내지 분쟁상태하에서 시스템의 적응적 향상(adaptive upgrading)에 대한 일단의 아이디어가 체계이론 등으로부터 나타나고 있다(Parsons, 1971). 이들 아이디어는 중첩적 합의의 과정이 우리의 인식체계에 영향을 미칠 것임을 암시한다. 동일한 맥락에서 Senge(1990 : 72-73)는 체계적 사고의 본질은 우리의 인식체계 내지 마음의 자세를 다음과 같이 새롭게 바꾸는 것이라고 주장한다 :

• 원인과 결과의 일방적인 형태보다 상호관계성에 주목한다.

색하고 있다고 비판한다.

• 특정시점의 결과보다 변화의 과정에 주목한다.

(2) 중첩적 합의의 과정

복잡 미묘한 갈등문제를 해결해 가는 과정에서 중첩적 합의형성이 의미를 가지고 관련 당사자들 모두로부터 수용되기 위해서는 몇 가지 전제조건이 수반되어야 할 것임이 앞의 논의에 암시되어 있다. 다시 말하면, 중첩적 합의를 통해 우리가 얻을 수 있는 유·무형적 가치들, 특히 그중에서 무형적 가치에 해당하는 지식과 정보의 공유, 신뢰를 통한 협력관계의 형성, 복합적 연계성의 제고 등이 중요한데, 그와 같은 것들이 언제 어디서 얻어질 수 있느냐 하는 문제가 남아 있는 것이다. 그런데 그와 같은 가치들은 중첩적 합의형성 과정 중에 획득되어야 할 것이다. 왜냐하면 그 속성상 과정의 적합성 문제를 떠나서는 중첩적 합의형성이 의미를 가지기도 어렵고, 가질 수도 없을 것이기 때문이다.

다만 중첩적 합의의 형성이 모자이크와 같이 어떤 정형화된 틀 속에서 이루어지는 것도 아니고, 내연기관의 움직임과 같이 그 과정과 결과를 분명하게 구분 지을 수 있는 것도 아니기 때문에 중첩적 합의형성의 과정은 상당히 탄력적으로 해석되고 받아들여져야 할 것이다. 이와 같은 속성 때문에 중첩적 합의형성은 언제, 어디서, 누가, 무엇 때문에라는 기본적인 사항들에 대해서조차도 구체적이지 못하고 경계가 불명확할 수 있다. 예컨대 중첩적 합의형성이 언제 시작되고 언제 끝났으며, 관련 당사자가 누구인지, 논의해야 할 사안들이 정작 무엇인지도 명확하게 정의하기 어려울 수 있다. 게다가 중첩적 합의형성은 환경과 상호작용관계에 있기 때문에 그 성격상 제반 환경변수의 변화 내지 흐름과도 연계성이 높게 나타날 것이다. 따라서 중첩적 합의형성 과정에 우려를 제기하는 사람들은 그 과정의 정당성 문제, 거기서 이루어 낸 해결책의 적절성 문제, 그리고 집단논의나 숙고과정에 소비된 시간과 비용문제 등을 제기할 수 있다(Innes and Booher, 1999 : 412-413). 하지만 중첩적 합의의 형성은 그 개념상 이해 당사자들 모두에게 이익이 되는 합의를 형성할 여지를 확대함으로써, 그 합의의 안정성이나 이행성이 높을 것으로 기대할 수 있다.

그리고 중첩적 합의의 형성이 복합적 갈등해소과정에서 필수 불가결한 것이라고 관련 당사자들 모두가 인지하고 현실적인 방안의 하나로서 노력하게 되면 그 형성과정의 동태성, 학습효과 등으로 인해 당사자들의 행위가 변화하게 되고, 새로운 관계를 설정할 수 있으며, 창조적인 아이디어를 생성할 수 있고, 궁극적으로 새로운 관행을 형성할 수 있게 될 것이다. 또 중첩적 합의형성 과정을 거치게 되면 당장 드러나는 유형적인 합의사항 이상의 파급효과를 장기적으로 기대할 수 있다. 역설적으로는 갈등 당사자들이 자신들이 최초에 의도했던 기대를 성취하지 못했을 때조차도 중첩적 합의과정을 거쳤다는 사실만으로 사실상의 성취 내지 성공으로 판단할 수 있을지 모른다(Innes and Booher, 1999 : 415).

중첩적 합의를 이루어 가는 과정과 그 이해 당사자들은 정태적 관점에서 이해하기 어렵게 계속적으로 변화해 나갈 수 있다. 환경으로부터 정보를 입수하여 적응적으로 변화해 가고 사회적 학습과정[19]을 거쳐서 발전해 간다. 결과적으로 전체 시스템은 보다 높은 생산성이나 안정성을 향해 나아갈 수 있다. 또는 적어도 적절한 숙고를 통한 균형상태(reflective equilibrium)로 나아갈 수 있다. 그리고 시스템의 전향적 변동은 완전히 정태적 상태도 아니고 완전히 혼돈 상태도 아닌, 그 사이 어느 곳에서 진행될 것으로 보인다. 그와 같은

---

19) 사회적 학습이란 여러 가지로 접근될 수 있겠지만 기본적으로는 동일한 잘못을 반복하지 않고 보다 나은 결과를 얻기 위해 사회의 구성주체들이 지식과 행위를 계속적으로 연계시켜 가는 과정이라 볼 수 있다(Park and Yi, 1998).

전향적 진행은 당사자들 간의 정보 공유를 필요로 할 것이고, 정보의 공유는 관련자들 간의 연계 내지 네트워크에 의존할 것으로 보인다. 그리고 다원화되고 개방화된 사회에서 그와 같은 연계 내지 네트워크는 중첩적 합의형성 과정을 통해서 이룰 수 있을 것이다.

보다 중요한 것은 입지갈등의 참여자 모두에게 적절한 수준의 참여기회를 열어 두고 탄력성 있게, 그리고 유연하게 대처할 수 있는 중첩적 합의를 계속적으로 모색하는 일일 것이다. 그와 같은 과정에서 우리는 겉으로 보기에는 분리되고 관련성이 없는 요인들도 통합적으로 바라볼 수 있고, 사회 속에서 직면하게 되는 제반 예상하지 못한 결과를 다루는 능력 역시 개발해 갈 수 있을 것이다.

(3) 중첩적 합의의 잠재적 적용성

중첩적 합의를 형성해 간다는 것은 관련자들 간에 다양한 결합관계를 내재적으로 인정하는 것을 기초로 하고 있다. 따라서 그 과정과 결과는 개별적이고 단절적인 관계가 아니라 결합적인 관계 내지 경계가 불분명해서 명료하게 구분하기 곤란한 관계로 볼 수 있다.

중첩적 합의를 형성해 간다는 것은 그렇지 않았더라면 서로가 공유할 수 없었던 정보를 공유함으로써 약간의 외부충격에도 곧 깨어질 수 있는 아주 취약한 합의에 비해 내부 결속력이 있는 질적으로 우수한 합의로 귀결할 수 있다는 장점이 있다. 중첩적 합의형성이 법적 권위나 전통적 권위, 카리스마적 권위에 토대를 두고 있는 것이 아니라, 관련자들의 이해관계를 대화나 학습 그리고 수용성 있는 과정 등을 통해 반영함으로써 보다 개방적이고 포괄적이며 공평한 합의를 유도할 수 있는 잠재성을 가지고 있다. 그리고 그와 같은 잠재성으로 인해 그 합의 자체의 안정성과 이행성이 높게 나타날 것이다.

이해 당사자들은 자신의 이익추구에 골몰할 우려가 있지만, 다른 한편으로 해당 사안에 대해 수준 높은 정보를 소유하고 있을 가능성이 크다. 따라서 중첩적 합의형성 과정을 통한 의견일치는 사안에 대한 다양한 이해관계의 반영뿐만 아니라 피상적이고 부적절한 정보에 토대를 둔 의견일치를 피할 수 있게 된다.

중첩적 합의형성이 제대로 기능하기 위해서는 그 형성과정이 관련자들로부터 수용되어야 하고 더 나아가 신뢰를 받을 수 있어야 할 것이다. 따라서 그와 같은 과정을 통한 합의형성은 정보의 공유뿐만 아니라 활발한 집단논의를 가능하게 할 수 있고, 기존의 교착상태를 깨뜨리는 혁신적인 대안을 생성할 가능성이 높다(Innes and Booher, 1999 : 413-415).

중첩적 합의형성을 통해 우리가 기대할 수 있는 것이 반드시 공식화된 유형적인 결과물이어야 하는 것은 아니다. 특정 사안에 대한 공식적인 합의서, 정책안, 입법 등의 유형적인 형태를 취할 수도 있지만, "사회적, 지적, 그리고 정치적 자본" 등의 무형적인 형태를 취할 수도 있다(Gruber, 1994 : 5). J. Rawls는 다원화된 사회에서 정보의 한계로 인한 무지의 장막(veil of ignorance) 문제를 우려 사항으로 제시했다(장동진 역, 1998 : 28-35). 하지만 신뢰감에 입각한 진정한 의사소통, 집단논의를 통한 정보의 공유, 사회적 관계를 통한 복합적 연계학습(multiple loop learning) 내지 결합적 문제해결 방식은 갈등사안에 대한 상호이해를 증진시킬 수 있을 뿐만 아니라 J. Gruber가 지적한 "사회적, 지적, 그리고 정치적 자본"의 내부화를 가능하게 할 수 있다. 그리고 그와 같은 과정 자체가 관련자들의 판단 및 행위를 내재적으로 제어하게 되고 궁극적으로 갈등의 영역 자체를 줄여 나가는 데 기여할 수 있을 것이다.

정책적 시사점

다원화된 현대사회에서 주민기피시설로 인한 입지갈등은 관련 당사자들 간의 단순 합의로 문제가 해결되기 어렵다. 다수의 이질적인 집단이 공존하는 상태에서 발생하는 갈등은 대개 사안 자체가 정태적이고 단일적이라기보다는 동태적이고 복합적이며, 이해 집단별 진정한 선호 또는 양보할 수 있는 범위가 분명하게 구체화되기 어렵기 때문이다. 결과적으로 실제적인 합의형성과정에서 갈등의 불완전한 해결형태로서라도 해결방안을 점진적으로 모색하고 확대해 나가기 위해서는 관련 당사자들 간의 진정한 이해와 인식개선을 유도할 수 있는 중첩적 연계성의 창조가 필요하다.

주민기피시설로 인한 입지갈등은 입지갈등에 대한 이론적 분석에서 명료하게 드러나듯이, 당사자 집단이 공유하는 가치에 한계가 있으므로 갈등상태가 명료하게 매듭지어지기 어렵다. 결과적으로 이와 같은 입지갈등 해결의 최선의 방법은 J. Rawls의 언급처럼, 불일치의 범위를 중첩적 합의의 형태로 줄여 가는 것일 것이다. 유·무형적 가치, 형성과정의 동태성, 학습효과 등을 특징으로 하는 중첩적 합의의 형성은 정태적인 상태로 존재하는 것이 아니라 동태적인 사회에서 자기 발전적인 특성을 가질 수 있을 것이다. 결과적으로 중첩적 합의의 형성은 복잡한 현실세계에서 불가피하게 빚어지는 갈등 내지 분쟁상태하에서 시스템의 적응적 향상을 기대할 수 있을 것이다.

108건의 사례분석 결과 최근까지 정부-주민 간 기피시설의 입지갈등의 경우 개별 이해관계 주장에 따른 이해상충이나 시행기관의 일방성으로 인해 촉발되는 양자 간의 대결구도가 지배적이었다. 이는 입지갈등의 형태가 아직 미성숙한 상태에 있음을 시사한다고 볼 수 있다. 그리고 상충가치 중 어느 가치가 지배적인가 하는 것과 해결 여부 사이에는 어떤 상관성 내지 경향성을 찾기 어려웠다. 그런데 합의형성에 이르는 제반 노력들과 해결 여부 사이에는 비교적 높은 정의 상관성이 포착되었고 이는 다양한 가치들의 동시적 충족 영역의 확대를 강조하는 중첩적 합의형성의 필요성을 뒷받침하는 중요한 자료로 보인다.

갈등관리론

제4장

지역갈등과 전략적 중재

> 우주의 틀은 인간이 만든 기계처럼 기본적인 부품들로 구성되어 있다고 생각되어 왔다. 결과적으로, 복잡한 현상은 그 현상을 이루는 기본적인 구성요소들을 분해해 감으로써, 그리고 그 요소들이 상호 작용하는 메커니즘을 살펴봄으로써 언제나 이해될 수 있다고 생각되어 왔다. 이 관점은 우리의 문화에 깊이 각인되어 왔고 또 과학적인 방법으로 받아들여져 왔다. 여타 과학들은 현실을 제대로 기술하기 위해서 고전적 물리학의 기계론적이고 분해적인 관점을 받아들였고 또한 그들 자신의 이론들을 고전적 물리학의 관점에 따라서 모형화했다(Capra, 1982 : 47).

위 인용문은 기본적으로 우리가 어떤 현상을 파악하고 통제해 가는 데 있어서 분석적인 접근, 정확한 관찰, 적절한 투입만 있으면 된다고 인식해 왔던 사실을 지적하고 있다. 기계적인 시스템의 경우 위 내용이 상당부분 타당하겠지만, 문제는 사회현상의 경우 특히 복합적 당사자 간의 지역 간 또는 지역 내 갈등문제가 얽혀 있을 경우 사안의 분해, 정확한 관찰, 적절한 투입만으로 예측 가능한 방식으로 문제를 반복해서 해결할 수 있느냐 하는 점이다. 기계적 메커니즘의 특성은 정의된 상황에서의 예측 가능성과 반복성에 있지만, 사회적 메커니즘은 관련 이해 당사자와 상황에 따라서 각각 개별적으로 정의되는 특성을 갖는다.

전통적으로 지역갈등은 갈등현상의 복합성, 가변성, 난해성 등이 간과된 채 당사자 협상이나 법적 소송을 통해 주로 해결되어 왔다. 그런데 지난 10~20여 년 사이 전통적 방법과 비교해서 상대적으로 시간과 비용이 절약되고 조정안의 이행성 측면 등에서 우위에 있는 중재방안의 장점을 지적한 연구들이 적지 않게 제시되고 있다(Campbell and Floyd, 1996; Amy, 1987; Bingham, 1986; Gilbreath, 1984; Mernitz, 1980; Susskind and Weinstein, 1980). 하지만 단순히 중립적인 제3자가 개입해서 당사자들의 의견을 절충하는 형태로는 복잡한 갈등의 해소기제로서의 역할을 다했다고 보기 어렵다. 복합적이고 가변적이며 난해한 지역갈등 현상을 이해하고 극복하기 위해 중재 메커니즘의 필요성이 높다는 사실을 전제하되, 다만 단순중재 메커니즘의 한계 측면에서 중재의 전략적 측면에 초점을 두고 상황을 능동적으로 해결해 가는 과정을 생각할 수 있다. 필자는 바로 이와 같은 측면에 착안해 지역갈등의 조정에 있어서 중재의 전략적 측면에 초점을 두고 그 의의, 적용과정, 한계 측면을 시론적 입장에서 검토하고자 한다. 보다 구체적으로, 우선 지역갈등의 대처방안을 검토하고, 지역갈등의 실태를 대처기법의 측면에서 분석하며 전략적 중재의 이용 측면에서 전략적 중재의 의의, 적용과정, 한계에 대해 논의하기로 한다.

복잡 다양한 형태로 나타나고 있는 지역갈등은 우리나라만의 문제는 아니고 정도의 차이는 있지만 거의 대부분의 나라에서 최근 심각하게 제기되고 있는 문제이다. 지역갈등은 전형적인 사회 현상으로서, 그 이해 및 극복과정은 대개 다원적 이해관계와 복합적 환경변수로 이루어져 있다. 우리나라의 경우 대략 1980년대 말에서 1990년대를 거치면서 사회경제적으로 세계화의 흐름에 편승, 권위적 정치권력의 급격한 퇴조, 경험이 일천한 상태에서 지방화 흐름의 광범위한 확산 등이 복합적으로 상호작용하면서 지역갈등 현상이 질적·양적 측면 모두에서 새롭게 다가오고 있다. 결과적으로 실무적인 영역은 물론이고 학문적인 영역에서도 제대로 준비가 안 된 상태에서, 질적 측면에서 복합적이고 양적 측면에서 거의 폭발적인 지역갈등 현상에 직면하고 있다. 우리나라의 경우 지역갈등과 관련하여 1990년대의 연구결과들을 살펴보면 갈등을 풀어 가기 위해 그 구성요소들, 즉 보상에 초점을 둔다거나 절차에 초점을 둔다거나, 또는 인식에 초점을 두는 연구들이 많았다(장세훈, 1994; 박종화, 1993; 김선희, 1993). 그 밖에 당사자 협상이나 제3자의 조력을 얻을 경우 그 과정이나 참여자 측면에서 시론적 연구들이 제기되었고, 기타 갈등해소의 기본방향이나 전략모색이 이루어졌다(박종화, 1999; 이종규 외, 1994; 권원용, 1993). 다만 최근에는 다원적 사회의 갈등해소과정에서 지향해야 할 방향으로서 정치철학적 영역에서 많이 논의된 합의형성에 대한 연구도 함께 제시되고 있다.

서구사회에서는 사회구성실체의 다원성과 이질성에 대한 오랜 경험 그리고 정치권력관계에서의 분권화된 구조 등으로, 한편으로 지역갈등의 연원이 상대적으로 오래되었고 또 다른 한편으로 대처방안이 상대적으로 세련되어 있었던 것으로 보인다. 결과적으로 중재나 협상과정에 대한 연구가 많이 제시되었고 의사소통과정에 대한 연구 및 합의형성과정에 대한 연구가 많이 이루어졌다(Innes and Booher, 1999a, 1999b; Madigan et al., 1990; Blackburn, 1988; Susskind, 1983). 하지만 서구사회에서도 중재의 역할이나 한계에 대한 분석은 이루어졌지만 중재가 분배적인 형태에서 전략적인 형태로 진전되는 과정에서 그 기본적 의의는 무엇인지, 그 실천적 과정은 무엇인지, 그 제약점은 무엇인지에 대한 분석은 제대로 이루어져 있지 않은 상태이다.

지역갈등의 대처방안

급격하게 팽창하고 있는 다양한 행정수요를 충족하기 위한 과정에서 필수적인 재원조달과 그 배분과정, 토지나 물과 같은 한정된 자원의 개발 및 이용, 현대인의 삶에서 없어서는 안 되는, 그러나 한편으로는 주민들이 기피하는 공공시설의 입지문제 등은 거의 예외 없이 공공부문과 민간부문 간의 지역간 갈등과 지역 내 갈등을 불러일으키고 있다.

지역갈등의 대처방안은 기본적으로 그 원인을 제거하거나 완화하는 방향으로 고안되고 시행되어 왔다. 따라서 보상적 대처방안, 제도적 대처방안, 인식적 대처방안으로 접근할 수도 있고(박종화, 1999 : 193-196), 대처방안의 강제성이나 직접성이 약한 수준에서 높은 수준으로의 교육 및 홍보전략, 연계전략, 보상전략, 중재 내지 협상전략, 소송전략 등으로 접근할 수도 있다(박종화, 1996 : 88-93). 그런데 여기서는 지역갈등의 조정과정에서 전략적 중재의 이용을 시론적 측면에서 밝혀 나가는 것이 주된 목적이기 때문에 갈등의 정도별 기존 대처기법 위주로 검토한다.

(1) 갈등의 정도

갈등이란 기본적으로 이해관계가 얽힌 사안에 대해 관련 당사자들 간에 합의를 이루지 못하고 있는 경우를 말한다고 볼 수 있다. Godschalk(1992 : 369-371)는 이 점에 착안하여 갈등을 불일치의 정도에 따라 이슈, 분쟁, 파국으로 구분하였다.

- **이슈**(issues) : 불일치의 정도가 그렇게 높지 않은 기술적인 문제의 상태로서, 관련 당사자들 내부의 비공식적인 협상 또는 제3자의 주선(facilitation)을 통해 해결의 여지가 높은 경우를 말한다.
- **분쟁**(disputes) : 불일치의 문제가 기술적인 차원을 넘어서서 정치화되고 실질적인 강도를 가지고 있는 경우를 말한다. 이 상태는 해결과정에서 공식적인 협상(formal negotiation)이나 중재(mediation)가 필요하다.
- **파국**(impasses) : 불일치의 정도가 감당할 수 없을 정도여서 분쟁이 막다른 상태로 빠져 버린 경우이다. 상호신뢰에 입각한 합의형성 등은 더 이상 작동하지 않고, 청문회나 법정 등을 통한 공식적인 재정 등이 필요한 경우이다.

실제로 이슈, 분쟁, 파국 간의 경계가 항상 명료한 것은 아니다. 상황변수의 변화에 따라 갈등의 정도가 순식간에 높아질 수도 있고 낮아질 수도 있고, 그 상태판단이라는 것은 대부분 주관적 판단의 영역에 속하기 때문이다(Godschalk, 1992 : 369). 다만 지역갈등을 해결해 나가고자 할 때 불일치의 정도에 따라 이용 가능한 기법들이 사실상 제한되어 있음을 고려한다면, 그 구분의 기준은 필요할 것으로 판단된다.

지역갈등사업 발표 후의 의사결정의 흐름도는 [그림 4-1]과 같이, 갈등의 정도와 그에 적합한 대처기법은 [그림 4-2]와 같이 각각 표시할 수 있을 것으로 보인다.

[그림 4-2]는 갈등 정도별로 적합한 대처기법을 표시한 것이다. 이슈단계에는 당사자 협상방식이, 분쟁단계에는 중재방식이, 파국단계에는 소송방식이 적용성이 높은 대처기법임을 개략적으로 표시한 것이다. 그런데 음영으로 표시된 A, B, C의 영역 외에도 갈등의 정도와 대처기법 간에는 상호 관련된

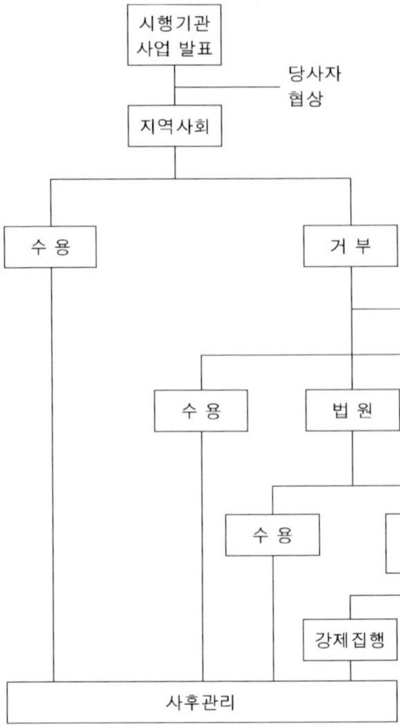

[그림 4-1] 지역갈등사업 발표 후 의사결정의 흐름도

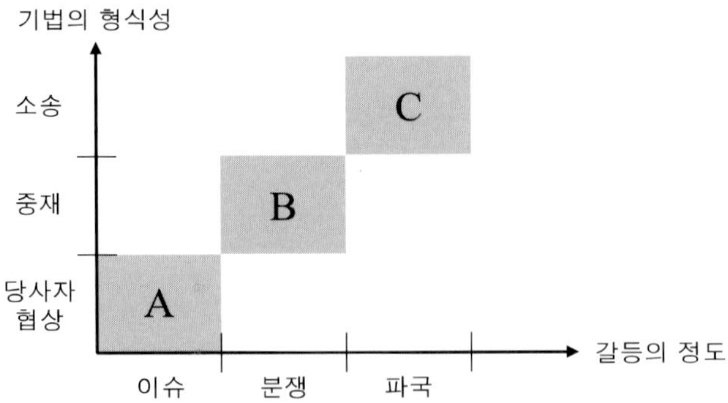

[그림 4-2] 갈등의 정도와 대처기법

주 : A, B, C의 영역은 갈등의 정도별 적용성이 높은 대처기법임.

부분들이 상당부분 존재할 수 있다. 예컨대, 중재만 하더라도 전략적 중재의 경우 초기 파국단계 등에 상당부분 적용 여지가 있는 방식이기 때문이다.

대처기법의 형식성(technique formality)과 관련하여 Susskind and Cruikshank(1987)은 비조력 협상(unassisted negotiation), 주선(facilitation), 중재(mediation), 비구속적 재정(non-binding arbitration)으로 구분하고 있다.

주선은 협상과정이 보다 유연하게 진전되도록 외부집단을 이용하는 것을 말한다. 외부집단은 화합, 의사소통과정, 결합적 문제해결과정에 참여한다.

중재는 협상의 실제나 과정 두 경우 모두에 있어서 외부집단을 이용하는 것이다. 개별 이해 당사자 집단을 사적으로 만나기도 하고, 그들 간에 메시지를 전달하기도 하며, 공정하고 효과적인 의견일치를 위해 노력한다.

비구속적 재정은 양 당사자 집단이 주장하는 바를 들어보는 사적인 재판관 또는 패널을 이용하고, 당사자들이 받아들일 수도 있고 거부할 수도 있는 해결책을 제안한다(Godschalk, 1992 : 377). 그에 반해, 구속적 재정은 이해 당사자들에게 일정한 구속력이 있는 결정을 할 수 있는 권한을 중립적 실체에게 부여해 놓은 방식을 말한다. 원래 재정은 노사관계협상에서 유래한 것으로, 제3자에게 일정한 권한을 부여하는 방식이므로 서구사회에서도 공공부문이 관련되는 지역갈등 사안에서는 거의 사용되지 않는 것으로 알려져 있다.

이하에서는 기존 대처기법 중 이용도가 높은 당사자 협상, 중재, 소송에 대해 보다 상세하게 검토한다.

(2) 당사자 협상

Susskind and Cruikshank(1987 : 151)은 갈등 당사자들이 갈등 해소의 과정이나 실제에 대해 통제력을 보유하고 있을 때에는 비조력 협상 또는 당사자 협상이 제일 좋은 방안이라고 주장한다. 그리고 필요하다면 비조력 협상자들이 주선자나 중재자들로부터 갈등해소기법을 배울 수도 있다는 점을 강조한다. 그들은 정부가 관련된 갈등에서 구속적 재정(binding arbitration)은 대안으로 추천하지 않는다. 왜냐하면 대부분의 공무원들은 외부 재정자들에게 그들의 권한(authority)을 위임하는 것이 허용되지 않기 때문이다.

당사자 협상은 대부분의 경우 외부의 조력 없이 갈등 당사자들끼리 시장에서의 거래나 흥정과 같이 상호주장 및 양보를 통해 타협점을 찾아 가는 과정을 말한다. 그런데 [그림 4-1]과 [그림 4-2]에서 명료하게 드러나듯이, 당사자 협상을 통해 지역갈등을 조정하기 위해서는 우선 갈등의 정도가 대개 이슈단계에 머물러야 하고, 갈등사안이 발생했을 때 최초이자 직접 협상으로서의 성격을 가져야 한다. 당사자 협상은 그것이 제대로 작동되는 한에서는 Susskind and Cruishank의 언급이 없더라도 다른 기법에 비해 가장 단순하고 시간과 비용도 가장 적게 든다. 그런데 문제는 우리가 최근 직면하고 있는 지역갈등 현상은 사안 자체가 복잡 다양하고 이해 당사자도 복잡 다양한 경우가 대부분이기 때문에 당사자 협상의 적용 여지가 점점 줄어들 것으로 예상된다는 점이다.

(3) 중재

지역갈등의 해결과정은 갈등의 불완전한 해결(quasi-resolution of conflicts)로 귀착하기 쉽다. 왜냐하면 다양한 구성주체로 이루어져 있는 집단의 갈등은 공통 목표라는 단일 기준에 의해 완전히 해결된다기보다는 당사자 간의 교섭과 양보를 내용으로 하는 협상을 통해 대개 잠정적으로 해결되기 때문이다. 이와 같은 해결방안은 갈등이 잠재되어 있다는 점에서 한계가 있지만 사회적인 공통목표에 대해 당사자 집단이 공유하는 가치에 한계가 있을 때 거의 불가피한 선택으로 보인다. 특히 갈등의 영역이 거대해져서 개별 참여자들이 자신이 속해 있는 현재의 위치와 현상에만 집착하고 전체적인 움직임을 소홀히 하는 경우에는 갈등의 근본적인 원인을 해결하기보다는 지엽적인 문제에 집착하거나 국지적 합리성 추구에 머무르기 쉽다. 따라서 갈등의 조정을 위해 법정에 가기 전에 사업 시행당국이나 지역주민이 아닌 제3자 기관 또는 집단을 통해 문제에 접근할 필요가 있는데, 이것이 바로 중재이다.

중재란 갈등사안에 대한 새로운 선택기회를 중립적인 제3자를 이용해 비대결적인 탐색으로 찾아내는 것으로서, 비용과 시간 양 측면에서 소송보다 유리하다. 협상과정에 중재방식을 활용함으로써 양극화된 분쟁을 해결한 사례들이 적지 않다. Blackburn(1988 : 157)의 미국사례연구에 의하면 160건의 환경중재 사례 중 약 78%에서 협상에 성공했다. 즉 제3자의 조력을 통한 협상형태가 협상타결 가능성을 높이고 이해배분의 공정성을 높일 수 있다는 인식이 확산되고 있는 것이다. 미국 내의 중재협상에 의한 갈등 해소 사례에 대한 또 다른 연구로 Madigan 등(1990 : 10–23)이 제시한 6건의 사례분석에서도 협상과정에서의 중재협상 방식의 효율성을 지적하고 있다.

그런데 중재방식 그 자체로서 모든 갈등사안들이 저절로 해결된다고 볼 수는 없다. 중재가 소기의 목적을 달성하는 과정에서 중요한 요인 또는 변수들이 시대와 장소 등 다양한 요인에 영향을 받을 것으로 보인다. 다만 현대사회에 있어서 대부분의 지역갈등 현상은 복합적 원인이 복잡한 형태로 얽혀서 나타난다고 볼 수 있기 때문에 갈등의 구조, 당사자들의 행태, 당사자들 간의 상호관계, 자원 및 의사소통 네크워크 등이 중재방안이 성공적으로 기능하는 데 중요한 고려사항이 될 것으로 보인다.

(4) 소송

갈등 현상이 중재 등의 방식으로 조정되지 않을 경우 그 상충사안의 조정은 [그림 4-1]에서 명료하게 나타나듯이 흔히 법원이 맡게 된다. 예컨대 기피시설의 입지관련 지역갈등은 법원이 인근 주민의 피해범위를 확인하고 시행기관의 보상(또는 배상) 책임을 선언함으로써 당해 상충현상을 대부분 해소할 수 있고, 더 나아가 미래의 유사사안에 대한 권리와 의무를 확정하는 역할을 수행할 수 있다. 소송의 경우 판결결과가 해당 사안의 갈등 해소에 기여하는 바가 절대적이지만, 그보다도 유사사안에 대한 파급영향이 클 것으로 보인다. 소송을 할 경우 대개 매스미디어의 주목을 받게 되고, 매스미디어의 보도 내용으로 인해 파급되는 여론의 움직임 등에 공공기관이 반응하지 않을 수 없기 때문이다. 즉 소송은 유사 갈등 현상의 사전적 예방효과를 가질 수 있다.

그런데 지역갈등, 특히 환경문제로 인한 지역갈등의 경우 소송과정에 있어서 책임범위를 확정하기 위한 인과관계의 입증이 대단히 어려운 경우가 적지 않다. 소음이나 진동 등은 비교적 인과관계의 입증이 용이하지만, 수질오염이나 대기오염 등은 복합적인 원인으로부터 비롯되는 경우가 많기 때문에 인과관계의 입증이 용이하지 않은 경우가 적지 않다. 이와 같은 경우 법정이 제한된 자료로 판결을 내릴 경우 [그림 4-1]과 같이 이해 당사자 집단들의 물리적 거부(집단시위나 데모 등)가 발생할 개연성이 높다.

지역갈등 조정과정에서 소송의 역할이 분명 존재하지만 동시에 소송이 가지고 있는 제약도 적지 않다. 복합적 원인 및 복합적 당사자를 특징으로 하는 지역갈등은 실제 소송과정에 들어가면 엄청난 비용이 들고 소송기간의 장기화에 직면할 수 있다. 결과적으로 한편으로는 소송에 의한 권리구제를 포기하는 문제와 또 다른 한편으로는 소송에 따른 엄청난 사회적 비용문제에 봉착할 수 있다.

사례연구

최근 우리나라의 지역갈등 현상들 중, 특히 공공부문과 민간부문 간의 지역 간 갈등과 지역 내 갈등들을 대상으로 앞에서 논의된 당사자 협상, 중재, 소송이 갈등의 해결 여부에 어느 정도로 작용하고 또 그 결과가 어떠한지를 검토한다. 그리고 그 전 단계로서, 그것이 당사자 협상이든 중재협상이든 협상의 정도가 갈등의 해결 여부와 어떤 관계를 가지고 있는지를 파악한다. 그리고 전략적 중재의 적용성에 대한 여지를 종합적으로 모색하고자 한다.

(1) 실태

분석을 위해 행정자치부 외(1999) 「지방자치시대의 분쟁사례집 1, 2」를 원자료로 이용한다. 이 중 공공부문과 민간부문 간의 지역갈등 사례로서 정부-주민 간 입지갈등에 대한 108건의 사례를 선정하고 각 사안별 협상정도와 해결 여부, 중재 및 소송과 해결 여부를 분석한다. 따라서 개별 사안별 협상의 정도와 해결 여부 사이에 어떤 상관성이 있는지를 제1단계로 검토한다. 즉 협의, 토론, 공청회 등 합의도출을 위한 제반 노력의 정도와 해결 여부 사이에 어떤 상관성이 존재하는지를 우선 검토한다. 그리고 주관성 평가의 적절성을 고려하여 합의도출을 위한 제반 노력의 정도는 강, 중, 약의 형태로 구분한다. 이어서 제2단계에서는 협상의 정도가 어떠하든 협상의 성격 측면에서 당사자 협상의 정도와 해결 여부, 단순중재의 정도와 해결 여부, 전략적 중재의 정도와 해결 여부, 소송의 정도와 해결 여부를 분석한다.

[표 4-1] 정부-주민 간 입지갈등 사례(108건)

사례		협상정도	중재 및 소송			해결 여부		비고
			단순중재	전략적 중재	소송	해결	미해결·갈등	
쓰레기 처리 시설 (50)	목동 자원회수시설 증설 분쟁	◎	×	×	×	○		당사자 협상
	마포 자원회수시설 건설 분쟁	○	△	△	×	○		중재 미흡, 전략적 대응
	도봉 자원회수시설 건설 분쟁	○	×	×	×	△		시행기관 철회
	노원 자원회수시설 건설 분쟁	◎	△	△	×	○		중재 미흡, 전략적 대응
	생곡매립장 침출수 유출사태로 주민과 마찰	◦	×	×	×	△		당사자 협상
	구포동 쓰레기소각장 관련 분쟁	◎	×	×	×	○		당사자 협상
	고양시 소각시설 안전성 확보에 따른 지역민원 해소	◎	△	△	×	○		중재 미흡, 외부용역
	중동 폐기물소각장 폐쇄요구	◎	×	×	×	△		당사자 협상, 외부용역
	수원시 세류동 쓰레기집하장 설치 주민 반대	◎	×	×	×	△		당사자 협상
	의정부시 쓰레기소각장 증설계획 반대	◎	△	△	△	○		중재 미흡, 전략적 대응
	부천시 폐기물종합처리시설 건설공사 반대	○	×	×	△	○		당사자 협상, 보상분쟁
	군포시 산본 쓰레기소각장 건설 분쟁	◎	△	△	×	○		중재 미흡, 전략적 대응
	홍성 쓰레기위생매립장 설치 강행에 반대	◎	×	×	×	○		당사자 협상
	예산 지정폐기물 처리시설 반대	◦	×	×	○	△		행정소송 결과 수용
	경주시 건천읍 쓰레기소각장 건설 주민 반대	◎	×	×	×	○		당사자 협상
	고령군 쓰레기매립장 조성 주민 반대	◎	×	×	○	○		패소 후 협의로 전환
	사도 쓰레기매립장 사후공사 미비로 주민 반대	○	×	×	×	○		당사자 협상
	밀양 기산일대 혐오시설 집중 주민 반대	◎	×	×	×	△		당사자 협상
	무안 지역주민 쓰레기매립장 조성 반대	◎	×	×	×	○		당사자 협상
	합천 쓰레기 매립장 건설 추진 주민 반대	○	×	×	×	○		사업계획 취소
	서귀포시 신규 쓰레기매립장 시설 조성 반대	◎	×	×	×	○		당사자 협상
	서귀포시 쓰레기매립장 사용기간 연장 반대	◎	×	×	×	○		당사자 협상
	광양 죽림쓰레기매립장 조성사업 반대	◎	×	×	×	○		당사자 협상
	장흥군 농어촌 쓰레기위생매립장 설치 합의	◎	○	○	×	○		전략적 대응, 새로운 대안 제시
	장성군 쓰레기위생매립장 설치 주민 반대	◎	×	×	×	○		당사자 협상
	춘천시 혈동리 생활폐기물 처리시설 반대	◎	○	○	×	○		전략적·탄력적 접근
	동해시 폐기물 종합단지 조성 반대	◎	×	×	×	○		당사자 협상
	태백시 쓰레기매립장 조성사업 반대	○	×	×	×	△		당사자 협상
	당진 쓰레기매립장 조성 관련 분쟁	◎	×	×	×	○		당사자 협상
	진주시 광역쓰레기매립장 건설 사업	○	×	×	×	○		당사자 협상
	경기도 화성 산업폐기물처리장 건설 관련 분쟁	◎	△	△	×	○		중재 미흡, 전략적 대응

	김포 수도권 광역쓰레기매립장 건설 분쟁	◎	△	△	×	△		중재 미흡, 전략적 대응
	김포 학운리 특정산업폐기물소각장 건설관련분쟁	◎	○	○	×	○		전략적 대응, 심층분석
	경산 하양 쓰레기매립장 후보지 주민 반대	○	×	×	×	○		당사자 협상
	성주 대황리 쓰레기매립장 조성 주민 반대	◎	×	×	×	○		당사자 협상
	남원시 주생면 광역쓰레기매립장 조성 주민 반대	◎	△	△	×	○		중재 미흡
	전주시 호동골 쓰레기매립장 조성 분쟁	◎	×	×	×	○		당사자 협상
	산업폐기물소각장 설치 주민 반대	○	○	△	△		○	중재 전략성 미흡
	광주 동림동 폐기물처리시설 설치 주민 반대	◦	×	×	△		△	손해배상 소송
	달성군 쓰레기매립장 확장 주민 반대	◎	×	×	×		△	당사자 협상
	온산 쓰레기매립장 조성 반대	◎	×	×	×		△	당사자 협상
	두서 활천 폐기물매립장 조성 반대	◦	×	×	△		○	쌍방 법적대응
	남양주권 쓰레기처리시설 설치	◎	×	×	×		△	당사자 협상
	포항 흥해읍 폐기물매립장 설치 반대	○	△	×	×		△	중재 미흡
	포항 대보면 산업폐기물매립장 설치 반대	◎	△	×	×		○	중재 미흡
	구미 쓰레기매립장 조성 주민 반대	○	△	×	×		△	투명성 높음
	경산 환경관리종합센터 설치 주민 반대	○	○	○	×		△	전략적 대응, 새로운 대안 제시
	봉화군 쓰레기매립장 설치 반대	◎	×	×	×		△	당사자 협상
	고창 쓰레기매립장 건설 주민 반대	◦	×	×	×		△	당사자 협상
	고성 농촌 폐기물 종합처리시설 조성 반대	◎	×	×	×		△	당사자 협상
하수·분뇨처리시설(11)	의왕시 부곡하수처리장 건설 분쟁	◎	×	×	×	○		당사자 협상
	포항 축산물종합처리장 건설 반대	◎	△	×	×	○		중재 미흡
	영천 하수종말처리장 무산 위기	◎	△	×	△	○		중재 미흡
	고령 하수종말처리장 설치 반대	◎	×	×	×	○		당사자 협상
	정선 분뇨처리장 설치 반대	◎	△	×	×	○		중재 미흡
	제주시 도두동 주민 하수종말처리 고통 호소	◎	×	×	×	○		당사자 협상
	남양주시 수동 하수종말처리장 건설	○	×	×	×	△		당사자 협상
	서귀포시 분뇨연계처리시설 추진사업 변경 요구	◎	×	×	×	○		당사자 협상
	익산시 왕궁 축산폐수처리시설 관련 분쟁	○	×	×	×	○		당사자 협상
	속초시 대포동 하수처리장 건설관련 분쟁	◎	×	×	△	○		법적 대결, 협상
	남제주군 동부광역하수종말처리시설 건설사업 반대	◎	△	×	×	○		중재 미흡, 감사원 결과 수용
위험·기피시설(37)	침례병원 영안실 위치에 따른 주민 반대	◦	×	×	×	○		당사자 협상
	부산시 영락공원 납골당 증설계획에 주민 반대	◎	×	×	×	○		당사자 협상
	부산 다대변전소 설치 주민 반대	◎	△	×	×	○		중재 미흡
	한국티타늄공장 건립 반대	○	△	△	×	△		중재 미흡
	LPG 충전소 설치 반대	◎	△	×	△	○		중재 미흡
	부천시 원미구 장례식장 건축 반대	○	×	×	○	○		행정소송 결과 수용
	포항교도소 건설 주민 반대	○	×	×	×	○		당사자 협상
	거제시 고현항 폐유저장시설 설치 분쟁	◦	×	×	×	○		당사자 협상
	거창 양돈단지 설립 주민과 마찰	◎	△	△	×	○		중재미흡, 전략적 대응
	성산읍 난산리사격장 설치 반대	◎	○	○	×	○		전략적 대응(열린민원법정)

	인제 기린면 군(軍)복지회관 건립 반대	∘	×	×	×	△		당사자 협상
	동해시 공설묘지 조성 반대	○	×	×	×	○		당사자 협상
	고성 명파지역 원전 및 핵폐기물처리장 건설 반대	○	×	×	×	△		당사자 협상, 반대원인 소멸
위험·기피시설	나주시 장의시설 건립 주민 반대	○	×	×	○	△		행정심판 결과 수용
	곡성 석유비축기지 건설 반대	◎	△	×	×	○		중재 미흡
	진주 이현변전소 건설관련 한전과 주민의 마찰	◎	△	△	△	○		중재 미흡
	굴업도 핵폐기물처리장 건설사업	○	×	×	×	○		당사자 협상(지질부적합)
	석모도 화력발전소 건설 백지화와 강화그린프로젝트	◎	○	○	×	△		전략적 대응, 장기대안 제시
	경북저유소 건설 주민 반대	○	△	△	×	○		중재 미흡, 전략적 대응(홍보)
	둔치도 연료단지 조성공사 주민 반대	○	△	△	×		△	중재 미흡
	춘천 학곡리 엔젤장례식장 건축 관련 분쟁	◎	△	△	△		△	전략적 대응, 법적 투쟁
	태백시립공원 묘지 조성사업 반대	○	×	×	×		○	당사자 협상
	고리원전 추가건설 반대	○	×	×	×		○	당사자 협상
	옥동 군부대 두왕동 갈현마을 이전 반대	○	×	×	×		△	당사자 협상
	수진동 한전 고압변전소 건설 반대	○	×	×	×		○	당사자 협상
	울진 원전 추가건설 반대	◎	×	×	×		○	당사자 협상
	안동 공설공원묘지 조성사업 주민 반대	◎	×	×	×		△	당사자 협상
	경산 하양읍 공원묘지 주민 반대	○	×	×	×		○	당사자 협상
	경산 남천면 하도리 대구공원묘지 주민 반대	∘	×	×	×		○	당사자 협상
	남원시 공원묘지 건설 주민 반대	◎	×	×	×		△	당사자 협상
	군산시 LPG공급기지 건설 주민 반대	○	△	△	×		△	중재 미흡, 전략적 대응
	삼척 원전후보지 선정 반대	∘	×	×	×		○	당사자 협상
	고압송전선로 및 신태백변전소 설치 반대	◎	△	△	×		○	중재 미흡, 전략적 대응
	영광원전측 방류제방 설치 결정에 주민 반대	◎	×	×	×		○	당사자 협상
	영광원전 1-4호기 피해에 따른 주민과 한전 간 마찰	○	×	×	×		○	당사자 협상
	국방·군사시설 이전에 따른 주민 반대	◎	×	×	×		○	당사자 협상
	신도림동 공해공장 이전을 둘러싼 환경분쟁	○	△	△	×		○	중재 미흡
사회복지시설(10)	사회복지시설(정신요양시설) 설치 반대	○	×	×	×	△		당사자 협상
	노인 건강(치매)센터 건립 주민 반대	◎	△	△	×	○		중재 미흡, 전략적 대응
	달서구 청소년수련관 건립 주민 반대	◎	△	△	×	○		중재 미흡, 전략적 대응
	상북 등억 노인병원 건립 반대	○	×	×	×	○		당사자 협상, 계획철회
	도립 우산청소년야영장 건립사업 반대	◎	×	×	×	△		당사자 협상

	전남교육청, 상록수 인근 청소년수련원 건설 반대	◎	△	×	×	○		감사원특감 결과 수용
	해남정신병원 설립 주민 반대	◎	×	×	○	○		행정심판 결과 수용
	노인전문병원 건립 주민 반대	◎	△	△	×	○		중재 미흡, 전략적 대응
	입곡군립공원 인근 장애인 복지시설 설치 반대	◎	×	×	△		△	행정심판·협상
	장애학교 건립에 관련된 분쟁	○	×	×	×		○	당사자 협상

주 : 1) 협상정도는 협의, 토론, 홍보와 설득 등 이해 당사자 간에 이해증진의 기회가 충분히 주어졌는가의 여부에 따라 강(◎), 중(○), 약(◦)의 형태로 표시.

2) 관련 활동이 중재, 전략적 중재, 소송의 성격에 상대적으로 어느 정도 부합되느냐에 따라 높음(○), 중간(△), 낮음(×)으로 표시.[20]

3) 해결사례와 미해결 사례에서 그 정도에 따라 ○와 △로 표시. △는 불완전 해결 내지 장래에 해결될 소지가 있는 미해결을 표시.

4) 비고에서 중재 미흡은 중립성 부족 등으로 중재의 정의에 제대로 부합되지 않는 경우이고, 전략적 대응은 갈등 조정과정에서 새로운 대안의 제시, 새로운 지식 내지 정보에 입각한 홍보나 설득의 제공 등 전략적 접근을 한 경우.

[표 4-1]의 결과를 이용하여 우선 협상의 유형이 어떠하든 협상의 정도와 해결 여부의 관계를 표로 정리하면 [표 4-2]와 같다. 그리고 중재의 정도와 해결 여부, 전략적 중재의 정도와 해결 여부, 소송의 정도와 해결 여부의

---

20) 중재 : 높음(○)은 갈등진행과정 중에 중재형태로 볼 수 있는 행위 내지 활동들이 존재하고, 중재의 정의에 비교적 제대로 부합하는 경우이다; 중간(△)은 갈등진행과정 중에 중재형태로 볼 수 있는 행위 내지 활동들이 존재하지만, 그 성격이나 구성 등이 중재의 정의에 제대로 부합하기 곤란한 경우이다; 낮음(×)은 갈등진행과정 중에 중재형태가 존재한다고 보기 어려운 경우이다. 전략적 중재 : 높음(○)은 갈등진행과정 중에 전략적 중재형태로 볼 수 있는 행위 내지 활동들이 존재하고, 전략적 중재의 정의에 비교적 제대로 부합하는 경우이다. 중재상황에 있어서 기존 상황의 단순 수용이 아닌, 탄력적이고 적극적이며 새로운 대안의 모색이 기대될 수 있다; 중간(△)은 갈등진행과정 중에 전략적 중재형태로 볼 수 있는 행위 내지 활동들이 존재하지만, 그 성격이나 구성 등이 전략적 중재의 정의에 제대로 부합하기 곤란한 경우이다; 낮음(×)은 갈등진행과정 중에 전략적 중재형태가 존재한다고 보기 어려운 경우이다. 소송 : 높음(○)은 갈등진행과정 중에 법적 소송이 진행되었고, 그 소송결과가 갈등의 해결 및 미해결에 대부분 그리고 직접적으로 영향을 미친 경우이다; 중간(△)은 갈등진행과정 중에 법적 소송이 진행되었지만, 그 사실 및 소송 결과가 갈등의 해결 및 미해결에 부분적 그리고 간접적으로만 영향을 미친 경우이다; 그리고 낮음(×)은 갈등진행과정 중에 법적 소송이 진행되지 않았거나, 그 소송결과가 갈등의 해결 및 미해결에 아주 경미한 영향만을 끼친 경우이다.

관계를 표로 정리하면 각각 [표 4-3], [표 4-4], [표 4-5]와 같다.

[표 4-2] 협상의 정도와 해결 여부

(단위: 건, %)

협상 정도	해결여부			소계
	해 결	중 간	미해결	
강	44(69%)	15(23%)	5(8%)	64(100%)
중	13(38%)	13(38%)	8(24%)	34(100%)
약	2(20%)	5(50%)	3(30%)	10(100%)

협상의 정도와 해결 여부의 관계를 [표 4-2]에서 분석해 본 결과 흥미롭게도 협상의 정도와 해결 여부 사이에는 비교적 강한 정의 상관성이 나타났다. 협상의 정도가 강할 때 해결로 나타난 경우가 69%, 중간으로 나타난 경우가 23%, 미해결로 나타난 경우가 8%였다. 협상의 정도가 중간일 때 해결로 나타난 경우가 38%, 중간으로 나타난 경우가 38%, 미해결로 나타난 경우가 24%였다. 그리고 협상의 정도가 미약할 때 해결로 나타난 경우가 20%, 중간으로 나타난 경우가 50%, 미해결로 나타난 경우가 30%였다. 이와 같은 결과는 해결과 미해결의 여부와 합의형성으로 이르는 제반 노력들, 예컨대 지속적인 대화와 설득, 설명회 개최, 토론 등의 사이에는 비교적 강한 정의 상관관계가 나타난다는 것을 보여 주는 것이다.

[표 4-3] 단순중재의 정도와 해결 여부

(단위: 건, %)

단순중재정도	해결여부			소계
	해 결	중 간	미해결	
높음	4(57%)	2(29%)	1(14%)	7(100%)
중간	21(68%)	7(22%)	3(10%)	31(100%)
낮음	34(49%)	24(34%)	12(17%)	70(100%)

2차적으로 단순중재의 정도와 해결 여부의 관계를 검토하면, 우선 중재의 전통적 정의에 제대로 부합되는 사례가 전체의 6.5%(7/108)에 불과하다. 중간까지 포함해도 30.5%(38/108) 정도이다. 소송건수를 감안하더라도 우리나라의 경우 지역갈등에 있어서 아직까지 당사자 협상형태가 대략 절반 내지 그 이상이라는 것을 알 수 있다. 그리고 단순중재의 정도와 해결 여부의 관계에 있어서는 중재의 정도가 높건 낮건 그 결과에 큰 차이가 나지 않는다.

[표 4-4] 전략적 중재의 정도와 해결 여부

(단위: 건, %)

전략적 중재정도	해결여부			소계
	해 결	중 간	미해결	
높음	4(67%)	2(33%)	·	6(100%)
중간	13(62%)	5(24%)	3(14%)	21(100%)
낮음	42(52%)	26(32%)	13(16%)	81(100%)

[표 4-3]의 결과에서 상당부분 논리적으로 추론할 수 있지만, [표 4-4]에 의하면 전략적 중재의 사례가 중간까지 감안하더라도 전체의 25%(27/108)에 불과하다. 즉 전체 갈등사례 4건 중 3건은 전략적 중재 방식과 관계없는 다른 방식에 의해 처리되고 있다. 전략적 중재의 정도와 해결 여부의 관계에 있어서는 전략적 중재의 정도가 높건 낮건 그 결과에 큰 차이가 나지 않는다. 다만 전략적 중재의 정도가 높은 경우 해결의 비율이 높고 미해결 건수는 하나도 없다.

[표 4-5]에 의하면 소송활용의 정도 역시 중간까지 감안하더라도 전체의 14.8%(16/108)에 불과하다. 이는 소송방식이 수반하는 제반 부담(시간, 비

용, 갈등 등)에 대한 거부감이 높기 때문인 것으로 보인다.

[표 4-5] 소송활용의 정도와 해결 여부

(단위: 건, %)

소송활용정도	해결여부			소계
	해결	중간	미해결	
높음	3(60%)	2(40%)	·	5(100%)
중간	6(55%)	3(27%)	2(18%)	11(100%)
낮음	50(54%)	28(31%)	14(15%)	92(100%)

(2) 결과 및 논의

지역갈등에 대한 대처기법으로서 중재방식이 관심을 끌게 된 것은 서구 산업사회에서는 대략 1980년대부터(Sipe, 1998 : 275), 우리나라에서는 대략 1990년대부터(박종화, 1996 : 79-97)로 보인다. 중재는 그것이 단순중재이든 전략적 중재이든 기본적으로 당사자들이 갈등사안을 해결해 가는 과정을 조력하기 위해 공식적인 결정권한은 없는 중립적인 제3자가 개입하는 형태를 말한다. 단순중재는 갈등 해소의 조력과정에서, 갈등의 기존 구도의 틀을 유지한 채 합의형성을 유도하는 특징을 갖고 있다. 반면에 전략적 중재는 기존 구도의 범위 내는 물론이고 상황에 따라서는 기존 구도의 틀을 넘어서는 새로운 대안을 모색 또는 제시함으로써 합의형성의 범위를 확대하는 특징을 갖는다.

중재를 통하면 그렇지 않았을 때에 비해 상대적으로 시간과 비용, 정책 순응도와 이행도를 높일 수 있다는 주장들이 적지 않다(Amy, 1987 : 74; Bingham, 1986 : 141; Gilbreath, 1984 : 529; Mernitz, 1980 : 47-48; Susskind & Weinstein, 1980 : 321). 그리고 Amy(1987 : 350) 등은 仲裁방

식을 채택하면 자연적으로 보다 광범위한 논의를 하게 되고, 결과적으로 복합 당사자 및 복합이슈로 이루어진 환경 분쟁에 대해 직·간접 관련자 모두가 사안을 보다 잘 이해할 수 있게 된다는 장점을 지적하고 있다.

그러나 이런 주장들이 무슨 분명한 경험적 증거를 토대로 제시되고 있는 것은 아니다. 왜냐하면 대부분의 관련 연구들이 기술적인 사례연구로 이루어져 있기 때문이다. 결과적으로 단순중재나 전략적 중재의 상대적인 장점이 보편적으로 받아들여지기 위해서는 보다 많은 경험적 연구가 필요할 것으로 판단된다.

O'Leary(1995 : 18)에 따르면,

> … 중재의 장점(때로는 단점)을 주장하는 문헌들이 많지만, 그 결론의 대부분은 경험적 기초가 대단히 취약하다. … 경험에 토대한 연구가 부족하기 때문에, 환경중재에 대한 우리 '지식'의 많은 부분이 주로 숙고의 판단 또는 지혜에 의존하고 그것을 지지하는 자료는 별반 없는 실정이다.

본 논의는 그것이 단순중재이든 전략적 중재이든 중재에 대한 경험적 분석이 부족하다는 전제하에, 민선자치제 3년 동안 공공부문과 민간부문 간의 입지관련 지역갈등 사례 108건을 대상으로 그 내용분석을 시도한 것이다. 내용분석을 통해 우선 전체 갈등 중 당사자 협상방식, 단순중재방식, 전략적 중재방식, 소송방식의 이용정도를 판별하고 더 나아가 개별 대처방안과 해결 여부의 관계성을 검토하였다.

1차적 분석인 협상정도와 해결 여부의 관계에서는 비교적 강한 정의 상관성이 나타났다. 다시 말하면, 특정 갈등 내지 분쟁사안이 아니라 민선 1기 3년 동안 발생한 거의 모든 주요 정부-주민 간 주민기피성 입지관련 지역갈등

사례를 분석의 대상으로 검토해 보았을 때 갈등사안의 해결과정에서 합의형성노력이 차지하는 비중이 높았다. 따라서 이와 같은 합의형성과정에 대한 보다 깊이 있는 분석이 계속되어야 한다는 것을 알 수 있다. 그런데 2차적 분석인 지역갈등 해소과정에서 단순중재, 전략적 중재, 소송 등의 상대적 비중 검토 및 그 각각의 기법과 해결 여부의 상관관계에 대한 검토는 다소 의외의 결과를 보여 준다.

우선 지역갈등의 해소과정에서 중재협상기법의 이용 자체가 상당히 제한적이다. 사안의 복잡 다양성을 고려하면 당사자 협상보다는 중재 또는 그 변형된 형태가 주로 이용될 것 같은데, 실제로는 절반 또는 그 이상이 당사자 협상 형태에 의존하고 있다. 이러한 결과는 다음과 같은 측면에서 설명될 수 있을 것으로 보인다.

첫째, 원자료를 질적으로 분석해 보면 외적 형태는 당사자 협상이라도 우리의 경우 시행기관으로서의 공공부문이 중재자 역할까지 동시에 수행하는 경우가 적지 않다. 갈등 사태가 분쟁이나 파국단계에 이르게 되면 시장이나 군수가 기존의 상충구도의 범위를 벗어날 수도 있는 새로운 대안을 만들고, 그 대안을 토대로 시청이나 군청에서 당사자 회합을 개최하는 경우가 있다. 더 진전된 형태로 공공부문에서 '지역사회대표협의회' 같은 여론 대표기구의 조성을 돕기도 하고, 전문기술 집단의 용역 등을 토대로 새로운 정보 및 지식을 홍보하거나 설득하기도 하는데, 이와 같은 행위들은 시행기관이 당사자이자 중재자로 동시에 기능하는 전형적인 예들이다.

둘째, 우리나라의 경우 지역갈등 사안에 대해 중립적 제3자를 참여시킨 경험이 일천한 관계로 중립적 제3자의 적극적 기여가 필요한 경우에도 막상 참여시킬 중립적 제3자 집단이 활성화되어 있지 않다. 바로 이와 같은 점 때문에 공공부문이 초기단계에서 흔히 당사자이자 중재자로서 기능할 가능성이 높다.

셋째, 사례연구에서도 나타났듯이, 중립적 실체로 인정되는 각종 시민단체들 중 상당수가 기술적·행정적 전문지식이 결여된 상태로, 환경오염의 피해를 과장한다거나 현실 행정에서 수행할 수 없는 안을 제시한다거나 해서 시행기관 입장에서 이들에 대한 부정적인 인식이 높다.

단순중재기법의 이용도가 낮기 때문에 전략적 중재기법의 이용도 역시 낮게 나타났다. 그런데 중재의 전통적 정의에 부합되는 사례들은 대부분 전략적 중재의 정도도 86%(6/7)로 높게 나타났다. 그런데 단순중재의 정도가 중간인 경우 그 비율이 68%(21/31)로 상당히 떨어진다. 이는 중재기관의 형태로서 위원회나 대표자회의 등을 만들었지만, 그중 상당수가 탄력성이나 적응성이 높은 새로운 대안을 제시하지 못하고 단순 협상 형태에 머물렀다는 것이다. 그리고 전략적 중재의 정도가 높은 경우 미해결 사례가 한 건도 없는데, 이는 일단 중립적 제3자 집단이 새롭고 유연한 대체 안을 제시하는 등의 노력을 하면 적어도 완전한 교착상태로는 이행하지 않을 가능성이 높다는 것을 시사한다고 볼 수 있다.

소송활용의 정도는 비교적 낮게 나타났다. 이해 당사자들 간 고소, 고발 등의 건수를 포함하더라도 전체의 15% 정도가 법정을 갈등 해소수단으로 이용하였다. 실제 사례를 보면, 갈등 사태가 행정심판이나 행정소송으로 진행되었을 때 거의 예외 없이 당사자들이 그 결과를 받아들이고 있는 것으로 나타났다. 그럼에도 불구하고 소송활동 정도가 비교적 낮은 것은 소송에 대한 거부감 내지 피해의식, 소송에 따른 사업지연, 비용부담 때문 등으로 보인다.

우리나라의 경우 지난 몇 년간의 입지관련 지역갈등 현상을 분석해 볼 때 단순중재나 전략적 중재에 대한 의존도가 상당히 낮다. 하지만 그 자료를 심층적으로 분석해 보면 상당수의 당사자 협상 형태에서 공공부문이 시행자와 중재자 역할을 동시에 수행하고 있다. 이는 무엇보다도, 단순중재이든 전략적 중재이든 중재역할을 수행할 수 있는 실체가 제대로 활성화되어 있지 않기 때문일 것이다.

전략적 중재의 이용

다원적 사회에서 다양한 원인으로부터 비롯되는 가치갈등의 완화 내지 해소과정에서 직접 협상이나 단순중재의 활용여지가 상대적으로 점점 축소될 것으로 보인다. 앞의 실태분석에서 분명하게 드러나는 것은 협상의 정도와 해결 여부 사이에는 정의 상관성이 비교적 높게 나타난다는 것이다. 다시 말하면, 앞으로 지역갈등 현상을 해소해 가는 과정에서 협상의 정도를 높일 필요가 있다는 것인데, 협상의 정도를 높이는 것은 무엇보다도 협상의 매체나 기회를 확대하는 것과 분리해서 생각할 수 없다. 그리고 미래 사회가 점점 복잡 다원화되고 전문화될수록 기존 상충구도의 틀 속에서 이해 당사자의 상충되는 입장 차이를 좁혀 가는 단순중재형태는 협상의 매체로 기능하는 것은 틀림없겠지만 그 역할 범위가 상대적으로 제한되어 있다. 따라서 이하에서는 전략적 중재의 의의와 그 적용 과정, 한계점에 대해 시론적 관점에서 살펴보고자 한다.

(1) 전략적 중재의 의의

지역갈등 형태가 당사자 간 협상으로 제대로 해결되지 못할 때, 그 다음 대처방안으로는 일단 제3자적인 집단의 조력을 통해 문제에 접근하고자 하는 중재방식을 고려할 수 있다. 그런데 그 중재가 이해 당사자들의 의견을 종합해서 그 어느 중간지점에서 관련자들의 양보를 유도하고 타협을 이끌어내는 단순중재(distributive mediation)의 형태라면, 중재 그 자체로는 성공할지 몰라도 지역갈등이 반드시 해결되었다고 볼 수는 없다. 더욱이 사안 자체가 복잡한 경우에는 단순중재형태로는 중재 그 자체도 성공하기 어려운 경우가 적지 않을 것이다.

여러 가지 사정상·방법상으로 중재가 거의 불가피한데 단순중재로는 소기의 목적을 달성하기 어렵다면 중재 방법 자체를 바꾸어 보는 것을 생각할 수 있다. 이해 관련자들 간에 윈/루즈(win/lose) 관계가 아니라 윈/윈(win/win) 관계를 달성하기 위해서는, 이해 당사자들의 이해관계를 장기적이고 궁극적인 차원에서 통합 내지 융화할 필요가 있다. 그 이해관계의 통합 내지 융화를 위해 중재의 전략적 측면이 강조되어야 할 것으로 보인다.

실제적 측면에서 다양한 중재형태가 전략적 중재라는 단어로 표현될 수 있을 것이다. 하지만 여기서 논의하는 전략적 중재는 대부분의 지역갈등과 같이 사안 자체가 대개 복잡하고 역동적인 경우 중재기관이 단순히 갈등사안의 틀 속에서 양측의 양보와 타협을 유도하는 단순중재의 형태를 넘어서는 것을 상정한다. 즉 전략적 중재(strategic mediation)는 전체적인 상황을 고려해서 양 당사자의 양보와 타협을 유도하는데, 기존 상충구도의 틀에 얽매이지 않고 새로운 대안을 모색·제시하며 상충과정을 조력하는 전 과정에서 탄력적이고 유연한 대처를 기본으로 한다. 예컨대 어떤 주민기피시설의 입지관련 갈등을 중재하는 과정에서 그 시설의 규모, 운영절차, 보상액수 등을 중재할 뿐만 아니라 그 시설이 이 지역에 입지하는 것이 타당한지를 기술적 자문 내지 용역을 토대로 평가하고 경우에 따라서는 '대체시설'의 입지나 '대체입지 안'까지도 제시할 수 있다. 기피시설의 입지관련 갈등사안에 대한 조사결과를 보면, 대개 재산상의 손실, 보건상의 위해, 삶의 쾌적성의 상실 등을 지적한다. 그런데 그 상충사안들이 제대로 조정되지 않는 것은 상당부분 손실이나 이익

등에 대한 관련 정보가 부족하고 믿기 어렵기 때문이다. 믿을 수 있는 중립적인 제3자가 갈등 현황을 타개할 수 있는 전략적 안을 제시하고, 또 제시할 수 있는 메커니즘이 형성되어 있으면 갈등사안의 장기적이고 궁극적인 해결에 기여할 수 있을 것이다.

Brock and Cormick(1989)은 어업권, 전화요금 책정, 유해폐기물 처리시설지 등에 대한 사례연구를 통해, 갈등 해소의 핵심적 요인들을 다음과 같이 지적하고 있다.

- 의사결정자들의 약속 및 합의를 형성하기 위해서는 갈등 해소의 전 과정을 통할할 수 있는 실체가 필요하다.
- 실질적인 결과에 관심이 있는 '직접적인' 당사자와 원칙이나 절차에 관심이 있는 '간접적인' 당사자를 식별할 필요가 있다. 사안에 따라서는 그 협상과정에 직접적인 당사자들만 포함하는 것이 더 효과적일 수 있다. 다만 그와 같은 경우에도 간접적인 당사자들에 대한 정기적인 의견 조회가 필요하다.
- 맥락이나 상황에 따른 갈등 해소 기법을 적용하기 위해서는 이슈 유형들 간에 분별이 필요하다. 예컨대, 기술적 이슈와 정치적 이슈는 각기 다른 분쟁해소절차 및 기법이 필요할 것이다.

Brock and Cormick은 갈등 해소과정에서 그 사안을 종합적으로 다룰 수 있는 주도적인 실체의 필요성과 그 실체의 기술적인 능력을 언급한 것이다. 앞의 실태분석에서도, 외형상으로는 당사자 협상 형태의 직접 협상이라 하더라도 시행기관이 적극적으로 협상을 유도하고 새로운 대안을 제시하는 등의 노력을 하면 갈등 해소에 기여도가 높다는 것이 밝혀졌다. 다시 말하면, 갈등

사안을 그대로 방치하지 않고 '나의 일'로 생각하고 처음부터 끝까지 챙기는 실체가 필요하며, 더 나아가서 그 실체는 나름대로의 관리기술이 있어야 한다는 것이다. 이에 더하여 현대사회의 복잡 다양성을 고려하여 갈등 관련 실체의 중립성과 전략성이 요청되는데, 이와 같은 역할 모두를 떠맡을 수 있는 실체로서 전략적 중재자(strategic mediator)가 필요한 것이다.

지역갈등 중 그것이 아직 결정적 파국(impasse)으로 진전되지 않은 상태, 예컨대 분쟁 단계나 파국의 초기단계일 경우, 갈등 해소를 위한 혁신적인 안의 도출 내지 행동패턴에 있어서 극적인 이동이 발생할 여지가 있다. 그리고 해당 상황은 보다 생산적이고 안정적인 상태로 진전될 여지가 있다. 그런데 그와 같은 혁신적 안의 도출 내지 극적인 행태 변화는 저절로 이루어지는 것이 아니다. 이해 당사자들 간의 연계 네트워크를 통한 신뢰성 있는 정보의 흐름이 토대가 되어야 할 것이다. 전략적 중재는 그와 같은 연계 네트워크를 제공하고, 이해 당사자들이 보다 큰 틀 속에서 각자의 진정한 역할범위를 정립하는 데 도움을 줄 수 있는 방안이다.

복잡하면서도 환경변화에 따라 계속 변형되는 시스템을 현실 수요에 맞게 한편으로 적응시키고 또 다른 한편으로 발전시켜 나가기 위해 '전략적 대응'이 필요하다. 몇몇 단순한 규칙에 의해 단순한 요소들이 지배되는 경우라면 전략적 대응에 대해 고민할 필요가 없을 것이다. 하지만 복잡하면서도 유기체적인 시스템이 시행착오를 통해서 학습해갈 때, 보다 큰 시야에서 구성요소들을 일관성 있고 체계화된 패턴으로 생성하기 위해 전략적 대응이 요청된다. 전략적 대응을 통해 보다 큰 시스템하에서 움직이는 개별 갈등을 보다 분명하게 정의하고, 보다 높은 생산성, 안정성 또는 적응성을 생성할 수 있는 구성요소들의 행위를 설정하거나 자원을 동원할 수 있기 때문이다.

(2) 전략적 중재의 적용과정

불확실하고 복잡하며 논쟁의 여지가 많은 지역갈등 문제를 다루기 위한 새로운 대안으로서 전략적 중재가 제시될 수 있다. 직접 협상이나 단순중재방식은 개방적이면서 다원화되고 네트워크화된 현대 및 미래사회에서 그 적용성이 상대적으로 줄어들 것으로 예상되기 때문이다. 여기서는 전략적 중재가 실제 지역갈등의 완화 내지 해소과정에 적용될 경우 활용될 수 있는 기본적 과정을 검토하고자 한다.

전략적 중재는 대개 갈등의 정도가 미약한 이슈단계나 갈등의 정도가 엄청난 파국단계에 적용되는 것은 아니다. 전략적 중재는 갈등의 정도가 기술적인 차원을 넘어서서 정치화되고 실질적인 강도를 가지고 있는 분쟁상태에 요청되는 것이 통례이다. 다만 전략적 중재는 단순중재에 비해 대처할 수 있는 갈등의 영역이 확대될 것이기 때문에 파국단계에 이른 사안도 초기의 경우 재정이나 법적 소송에 이르기 전에 적용될 수 있는 여지가 있을 것이다. 전략적 중재의 과정은 사안에 따라 다소 차이가 날 수 있겠지만 기본적으로 일반 중재절차에 해당하는 사전준비과정, 협상 및 합의형성과정, 실행 및 평가과정으로 나눌 수 있을 것이다(박종화, 1999 : 197-198; 이종규 외, 1994 : 112-114; 권원용, 1993 : 12; Madigan et al., 1990 : 10-38).

전략적 중재의 궁극적 목표는 갈등사안에 대한 통합적 내지 융화적 합의형성이다. 그 목표를 달성해 가는 데 있어 우선 사전준비과정이 필요하다. 이 과정에서는 갈등사안이 무엇인지, 직·간접적 이해 당사자들은 누구인지, 전략적 중재자로 적합한 실체는 누구인지를 밝혀야 한다. 전략적 중재자가 선정되지 않은 상태에서는 사안의 파악 및 이해 당사자의 파악이 용이하지 않다. 그리고 사안의 파악 및 이해 당사자의 파악이 선행되지 않으면 전략적 중재자를 선정하기가 용이하지 않은 것 또한 사실이다. 즉 실천적 측면에서 이와 같은 작업을 누가 최초로 수행할 수 있느냐가 문제인데, 직접 시행기관이든 허가기관이든 간에 공공부문이 선도적으로 움직이면서 동시에 이해 당사자 집단들의 의견을 조회해서 전략적 중재자 선정에 반영하는 상호작용관계로 파악되어야 할 것으로 보인다. 이와 같은 과정을 통해 적합한 전략적 중재자가 선정되면 그 다음에는 전략적 중재자의 주도로 협상의제 모색 및 설정, 협상규칙 정립, 시간계획 등이 가능할 것으로 보인다. 사전준비과정은 이후에 예상되는 복잡한 협상과정을 준비하는 과정이므로 기본적으로 이용 가능한 자원과 현장 정보의 수집이 중요하다. 필요하다면 사실 확인차원에서 공동 현장답사를 시행할 수도 있다. 그리고 전략적 차원에서 이해 당사자들을 대상으로 향후 협상과정에서 필수적인 절차나 기법들을 소개하고 교육하는 것도 빠뜨릴 수 없을 것이다.

이와 같은 과정을 거쳐 사전준비작업이 완료되었다고 판단되면 전략적 중재자는 그 결과를 토대로 합의형성을 위한 본격적인 중재에 들어가게 된다. 그런데 지역갈등은 대개 갈등의 영역이 거대하고 복잡한 경우가 대부분이기 때문에 우선 협상의 기본 골격이 될 수 있는 단일화된 협상계획서를 전략적 중재자의 주도로 작성할 필요가 있다. 단일화된 협상계획서 작성과정에서는 이해 당사자의 기본 입장을 반영하되 전략적 중재자는 중재자대로 사전준비과정에서 파악된 제반 자료를 토대로 적정기준(fair share criteria)을 도출하고 그 적정기준을 협상계획서에 반영하는 것이 중요하다. 단일화된 협상계획서가 일단 도출되면 전략적 중재자는 직·간접 이해관계 집단들의 표출된 이해관계뿐만 아니라 내재된 이해관계 모두를 반영하여 통합적 내지 융화적 합의에 이를 수 있는 잠정 합의안을 만들게 된다. 다만 전략적 중재자는 잠정 합의안이 양측 모두에게 궁극적 이익이 된다는 인식을 줄 수 있어야 하기 때문에 상충되는 양측 이해관계의 중간타협안이 아닌 새로운 대안을 모색할 수도 있다. 그리고 이 과정에서 사안의 규모가 크고 복잡하다든지 전체 사회에 미치는 영향이 클 경우에는 별도의 소위원회를 구성할 수도 있을 것이다. 이와 같은 소위원회는 그 성격상 기술적 합리성과 정치적 합리성을 동시에 제고해야 하므로 해당 사안별 전문성과 지역 대표성을 위주로 위원회를 구성하는 것이 바람직할 것으로 보인다. 그리고 순수 기술적 정보 내지 지식이 필요하면 사안별로 전문가에게 자문이나 용역을 의뢰할 수도 있을 것이다.

그런데 지역갈등의 경우 흔히 관련 정보의 불충분한 전달 내지 왜곡된 정보의 전달이 문제가 된다. 따라서 전략적 중재자는 이해관계 집단들과의 공식적 의사전달 메커니즘뿐만 아니라 비공식적 의사전달 메커니즘에도 유의할 필요가 있다. 비공식적으로 유통되는 정보를 포함하여 관련된 정보를 충분히, 그리고 정확히 공유 및 확산하는 것은 전략적 중재를 통한 진정한 합의형성에 가장 기본적인 요소이기 때문이다. 경우에 따라서 전략적 중재자는 의사전달 과정에서 불필요한 지연이나 왜곡을 방지하기 위해 본협상의 장소와 일정 선정에 유의할 필요가 있다.[21] 그리하여 잠정 합의안이 이해관계 집단들의 합의형성으로 귀착하게 되면 최종 합의서를 작성하고 서명을 받는 절차가 수반된다. 다만 갈등의 성격상 대표자 간의 합의로 불충분한 경우에는 해당 이해관계 집단들의 추인을 받을 수 있도록 환류 메커니즘을 작동시킬 수 있을 것이다.

최종합의서의 작성 및 서명이 이루어지면 대개 전략적 중재과정은 일단락

21) 위스콘신 주 세이무어 타운의 폐기물 매립지 관련 갈등을 중재하는 과정에서 중재자들은 전일제 회의에서 언론, 전화 또는 다른 어떤 매체에 의해 회의가 중간에 중단될 우려가 없는 호텔방을 선정해 그곳에서 중재협상을 성공적으로 진행한 사례가 있다(Madigan et al., 1990 : 16-18).

된다고 볼 수 있다. 하지만 지역갈등의 경우 그 성격상 이해 당사자들 중 일부가 그 합의안에 새로운 이의를 제기한다든지 해서 합의안이 원점으로 회귀할 수도 있다. 이와 같은 문제점을 예방하기 위해 합의안을 공표하고 합의안에 대한 준수의무를 부과(예 : 이행조건부 기탁금)하는 등의 방안이 고려되고 있지만 실효성이 그다지 높지 않을 가능성이 있다. 바로 이와 같은 문제점들 때문에 전략적 중재의 사후 관리적 역할이 중요하다. 지역갈등은 한순간의 사건으로 끝나지 않는 것이기 때문에 최종 합의안이 제대로 실행되고 있는지 점검할 수 있는 메커니즘이 필요하고, 그 점검메커니즘에서 전략적 중재자의 주도적 역할이 기대될 수 있다. 또한 차후 유사사안에 대한 선례로 삼기 위해 전체 협상과정에 대한 사후평가가 필수적인데 그 평가 및 정리 과정에서도 전략적 중재자의 역할이 중요할 것이다. 적절한 평가 및 정리는 사후 불필요한 갈등의 재발방지를 위해 필수적인 절차로 보인다. 전략적 중재의 적용성을 평가하기 위해서는 과정과 결과 양 측면에서 접근해야 할 것으로 보인다.[22] 과정적인 기준으로는 전체 이해관계자들의 진정한 선호가 쌍방의

22) Innes and Booher(1999b : 419)는 양호한 합의형성과정으로 평가받을 수 있는 과정기준과 결과기준을 다음과 같이 제시하고 있다. 과정기준(process criteria) : (i) 관련성 있고 또 동시에 중요한 이해관계 대표자들을 모두 포함한다; (ii) 현실적이고 실제적이며, 그 집단에 공유되는 목적과 임무에 따라 움직인다; (iii) 자기 구성적이며, 참여자들이 기본적인 규칙, 목적, 임무, 상임집단, 논의토픽을 결정할 수 있도록 허용한다; (iv) 참여자들을 연계시키고, 그들이 (협상)테이블에 계속 있으면서 깊이 있는 논의를 하고, 드라마에 대한 이야기와 유머를 주고받으며, 비공식적인 상호작용을 통해 학습하도록 한다; (v) 정체상태에 대한 도전을 장려하고 창조적 사고를 육성한다; (vi) 다양한 유형의 질 높은 정보를 구체화하고 그 의미에 대한 동의를 확보한다; (vii) 사안과 이해관계에 대한 논의가 충분히 이루어진 후에만 합의를 추구한다. 그리고 차이에 대한 창조적 반응을 찾기 위해 중요한 노력을 기울인다. 결과기준(outcome criteria) : (i) 질 높은 의견일치를 생성한다; (ii) 교착상태를 끝낸다; (iii) 비용과 편익의 관점에서 다른 계획방법과 비교한다; (iv) 창조적인 아이디어를 생성한다; (v) 집단 내에서, 그리고 집단을 넘어서서 학습과 변화를 유도한다; (vi) 사회적·정치적 자본을 창조한다; (vii) 이해 당사자들이 이해하고 받아들일 수 있는 정보를 생성한다; (viii) 태도, 행태 및 행동, 분가적 파트너십, 새로운 관행 또는 제도들에 있어서 변화의 흐름을 동적으로 설정한다; (ix) 지역사회가 변화와

의사소통 과정을 통해 반영될 필요가 있으므로 참여, 동기부여, 의사소통, 정보공유, 상호학습 등이 고려될 수 있다. 그리고 결과적인 기준으로는 윈/윈(win/win)관계의 통합적 내지 융화적 결과도출이라는 측면에서 대안의 질적 수준, 비용편익, 네트워크 형성, 사회적 자본의 창출, 수용성 측면 등이 고려될 수 있을 것으로 보인다.

지역갈등의 여러 문제가 적정한 경제적 보상과정이나 정치적 과정을 통해 상당부분 여과될 수 있다는 점과, 지역사회의 인식 내지 의사를 공식적인 절차를 통해 결집시킬 수 있다는 측면에서 지방의회나 지역문제에 영향력이 있는 지역 정치가들이 하나의 전략적 중재실체로서 상당한 역할을 할 수 있을 것으로 기대된다. 그러나 현실적으로 지방의회나 지역 정치가들이 또 다른 집단이기주의의 형태로 지역갈등의 원인이 될 수 있다는 점에서 새로운 실체의 형성 및 육성이 필요할 것으로 보인다. 우리나라의 경우 거의 전무하지만 서구사회의 예를 보면 대학에서 중재기관을 설치하고 비영리재단의 재정 지원을 받아서 운영하고 있는데, 참고할 필요가 있다고 판단된다. 대학은 지역사회의 일원으로, 각종 분야 전문 집단들의 활용이 비교적 용이하고 대개 중립성이 높은 편이며, 무엇보다 사회적으로 인식이 그렇게 나쁘지 않다는 점 등이 고려될 수 있을 것이다.

(3) 전략적 중재의 한계

지역갈등 현상에 대한 탄력적이고 적극적인 대처방안으로서 전략적 중재의 의의 및 그 적용과정을 검토하였다. 실태분석에서 전략적 중재의 활용도가 아직 상당히 저조하게 나타났으므로 규범적인 차원에서 그 의의를 검토하고,

---

갈등에 보다 창조적으로 반응할 수 있도록 유연하고 네트워크화된 제도와 관행을 형성한다.

과정의 측면에서 그 적용성을 논의하였다. 여기서는 실천적인 측면에서 전략적 중재의 제약사항을 밝히고자 한다.

첫째, 전략적 중재가 효과적이기 위해서는 중재실체가 비교적 안정적(예: 재정적인 측면, 기관의 평판 내지 역사성 등)이어야 한다. 중재 담당 실체가 불안정하면 신뢰가 형성될 수 없고, 신뢰가 형성되지 못하면 이해 당사자들이 전략적 중재자의 중재역할을 기대하기 어려울 것이기 때문이다. 실태분석에서 잘 드러나듯이 우리나라의 경우 전략적 중재의 경험자체가 일천하기 때문에 전략적 중재기구가 안정적인 실체로 자리 잡을 수 있는 기회가 없었다. 서구사회에서는 대학에 상설적인 중재연구소를 설치하고 비영리재단으로부터 그 운영비를 지원받는 경우가 흔한데, 중재기구의 안정성 확보에 참조의 여지가 높은 형태로 판단된다. 중재기구의 안정성 확보는 잘 훈련된 중재자 확보에도 기여할 것으로 판단된다. 현황의 객관적 평가, 이해 당사자 입장의 효과적 조율, 새로운 대안형성 등은 교양 있는 일반인이면 누구나 할 수 있는 그런 일들이 아니기 때문이다.

둘째, 실태분석에 의하면 우리나라의 경우 아직까지 중재자로 나타나는 것은 주민대표위원회, 선정위원회, 민간추진위원회, 시민단체 등이다. 춘천시의 민간추진위원회와 성산읍의 열린민원법정과 같이 중립성, 신뢰성, 공개성 등이 높은 중재기구가 없는 것은 아니지만, 대부분의 주민대표위원회나 선정위원회는 지역사회에서 영향력이 높은 집단들을 모두 포괄하는 과정에서 대표성은 있을지 몰라도 전문성 결여로 신뢰성이 낮게 나타났다. 그리고 상당수의 시민단체는 환경운동 관점에서 환경오염 가능성을 과장하는 경향을 나타냄으로써 중립성을 상실하는 경향을 드러내었다. 전략적 중재가 제대로 기능하기 위해서는 전략적 중재기구의 중립성, 전문성, 투명성 등이 선행되어야 하는데 우리나라의 경우 그와 같은 속성을 가진 중재기구의 선례가 아주 제한적이다. 결과적으로 정책적인 측면에서 이와 같은 속성을 구비한 실체를 장기적 관점에서 육성해 나갈 필요성이 있다. 이와 같은 육성과정에서 매스 미디어, 대학, 비영리재단, 중앙정부와 지방자치단체의 결합적 노력이 중요할 것으로 판단된다.

셋째, 모든 갈등문제가 전략적 중재로 해결될 수도 없고 또 해결되어서도 안 된다. 전략적 중재과정은 상당부분 기존 선례가 제한적인 상태에서 움직여야 하기 때문에 불가피하게 실험적인 속성과 창조적인 속성을 가지게 되고, 결과적으로 그에 수반되는 제반 비용부담 측면을 간과할 수 없다. 따라서 [그림 4-2]의 갈등의 정도와 대처기법에서 명료하게 나타나는 것처럼 갈등의 정도별 분별이 필요하다. 즉 당사자 협상으로 대처하기 적절한 갈등과 중재나 소송이 적절한 갈등이 있는 것이다. 문제는 이와 같은 분별을 어떤 메커니즘에 따라 수행해 나가는가인데, 우리에게는 이런 메커니즘이 제대로 구비되어 있지 않다. 실제로 [그림 4-1]의 갈등 사업발표 후의 의사결정의 흐름도에 표시되어 있는 것처럼 의사결정이 단계별로 항상 진전되는 것도 아니고 당사자 협상상태에 계속 머물러 있거나 곧바로 파국상태로 진전되기도 한다. 갈등의 정도별 분별이나 의사결정 과정적 측면의 고려는 궁극적으로 중재기관에서 주도적으로 수행해 가야 할 것으로 보인다. 그런데 그와 같은 부분에 대한 기관형성이나 인력관리, 훈련측면에서 아직 시작단계에 있는 것으로 보인다.

정책적 시사점

우리는 현재 다양한 원인으로부터 비롯되는 다양한 형태의 지역갈등 문제에 직면하고 있다. 지역갈등으로 인해 다양한 서비스나 시설들이 사회적 적정수준에 못 미치게 공급되고 있는 경우가 적지 않다. 선호시설들로 인한 지역갈등이 없는 것은 아니지만, 대부분 비선호시설로 인해 지역갈등 현상이 발생하고 있고 사회적으로 필수적인 공공시설이라 하여도 입지·확장·대체 등이 용이하지 않은 경우가 적지 않다. 지역갈등 현상이 현대 생활에서 거의 필수 불가결한 것이라면 초점은 어떤 방식으로 그 상충현상을 조정해 갈 것인가에 모아지게 된다. 지역갈등을 해소할 수 있는 다양한 방안들이 연구적 차원이든 실무적 차원이든 이미 많이 제시되어 있다. 본 연구에서는 그와 같은 방안들 중 중재방안에 주목하고 그 중재방안 중 기존의 단순중재 형태의 접근방식이 안고 있는 문제점에 착안하여 중재의 전략적 측면을 시론적 차원에서 분석해 본 것이다. 그와 같은 목적을 달성하기 위해 우선 기존 갈등에 대한 대처방안을 논의하고 공공부문과 민간부문 간의 입지관련 갈등의 실태를 분석하였으며 전략적 중재의 의의, 적용과정, 한계측면에 대해 밝혀 보았다.

실태분석에서 명료하게 드러나듯이 우리나라의 경우 아직 지역갈등 사안을 대처해 가는 데 있어 단순중재이든 전략적 중재이든 중재방안에 대한 의존도가 낮다. 이는 중재가 필요하지 않아서라기보다는 이제까지의 정치·행정적 관행과 시민의식이 공식적 중재기구의 형성이나 중재방식의 활성화를 가져올 수 있는 여건을 조성하지 못했기 때문으로 보인다. 그 실태를 분석해 보니 당사자 협상형태를 취하고 있지만 실제 내용에 있어서는 시행기관으로서의 공공부문이 사실상 중재기구로서의 역할까지 동시에 수행하는 이중역할(dual roles)을 하는 경우로 나타나고 있었다.

그런데 사회 전반적인 움직임이 개방화·정보화·지방화 등으로 이행하고 있기 때문에 지역이해 상충현상은 점점 더 복잡 다양한 형태로 진전되고, 그와 같은 문제에 대처하는 과정에서 시행기관으로서의 공공부문의 역할한계가 더욱 부각될 것으로 예상된다. 결과적으로 다양한 이해관계자와 복잡한 원인으로부터 비롯되는 갈등 현상을 해소해 가는 과정에서 중립적 실체의 전략적 역할범위가 계속 확대될 것으로 보인다.

갈등관리론

제5장

도시근교림 관리갈등과 합의형성

급격한 도시화와 여가시간의 증가 등 사회적 환경변화에 따라 도시근교림의 환경적·경제적·보건적 기능에 대한 중요성이 부각되고 있다. 도시근교림은 도시림과 차이 없이 사용되는 경우가 있으나, 양자의 의미가 동일한 것은 아니다. 일반적으로 도시림은 도시행정구역 내의 모든 산림이나 녹지, 가로수를 포함하는 광의적 의미임에 반하여, 도시근교림은 도시 내 가로수·도시자연공원·도시녹지 등을 제외한 도시 외곽의 산림지역에 국한된다. 즉, 도시근교림은 도시환경보전의 공익적 기능과 함께 휴양 및 임업생산성 유지 등의 복합적 이용 기능을 가진 산림으로서, 시 단위 이상의 지역과 도시계획법에 의한 도시계획구역 내에 존재하는 근교 산림을 말한다(국립산림과학원, 1999).

최근 도시근교림은 도시주민의 교외 이주와 택지화의 증가로 사회적 수요가 크게 변화하고 있다. 도시근교를 중심으로 적극적인 산림의 보전과 이용에 대한 수요가 급격하게 증가하고 있는 것이다. 도시근교림의 관리과정에서 도시근교림 소유자인 산주와 도시근교림을 관리하는 산림·녹지 행정부서 간, 도시근교림 산주와 도시근교림을 생활공간으로 하는 도시민 간, 도시근교림 산주와 도시근교림을 관리하는 산림청·환경부·국토해양부 등 정부부처 간, 도시근교림 이용자와 도시근교림 관리자 간, 도시근교림 관리자와 NGO 간에 도시근교림 관리 갈등이 확산되고 있다.

예를 들면, 도시근교림 관리자인 산림·녹지 행정부서(이하 도시근교림 관리자로 표기함)가 도시근교림 성립의 역사적 배경과 현재의 임분[23] 상태를 고려하여 지속 가능한 도시근교림 관리에 필수적인 가지치기와 간벌 등 숲 가꾸기, 도시근교림 관리의 기반시설인 임도건설, 도시민의 편의를 위한 등산로 개설사업 등을 정부보조금 사업으로 추진하려 해도 여의치 않다. 산주들이 자신들에게는 아무런 이득이 없을 뿐만 아니라 세금만 내고 있다는 이유로 각종 산림사업을 허용하지 않고 있기 때문이다. 한편, 도시근교림 이용자들은 도시근교림에 등산로를 비롯한 편의시설을 더 많이 설치해 달라고 민원을 계속 제기하고 있다. 게다가 도시근교림은 일반 산림과 달리 산림자원의 조성 및 관리에 관한 법률의 "보안림제도와 생활환경보전림제도",[24] 환경부의 "자연공원법", 국토해양부의 "국토의 계획 및 이용에 관한 법률" 등에 의해 소유자인 산주들의 재산권 행사나 각종 산림사업에 대해 규제만 하고 있을 뿐, 이들 법 규제로 인해 발생하는 피해에 대한 보상대책은 마련하지 못함으로써 산주와 정부부처 간의 관리갈등이 증가하고 있다.

도시근교림 관리의 사정이 이러함에도 불구하고 그에 대한 그동안의 연구

---

23) 임분(林分)은 산림 안의 수목의 수종, 수령, 생육상태가 거의 동일하여 인접하는 다른 산림과 명백히 구별되는 산림을 말한다.

24) 산림자원의 조성 및 관리에 관한 법률 제43조에 따르면 시·도지사 또는 지방산림관리청장은 관할 지역의 산림이 ① 토석이나 토사(土砂)의 유출·붕괴 방지, ② 생활환경의 보호·유지 및 증진, ③ 수원(水源)의 함양, ④ 어류의 유치(誘致)·증식, ⑤ 명소 또는 고적 등 경관(景觀)의 보존 가운데 어느 하나에 해당하는 경우, 농림부령이 정하는 바에 따라 보안림(保安林)으로 지정할 수 있다. 이 밖에도 산림청장은 상수원의 수질관리를 위해 필요하다고 인정되는 산림을 관할 시·도지사와 협의하여 농림부령이 정하는 바에 따라 보안림으로 지정할 수 있다. 또한 생활환경보전림제도는 산림자원의 조성 및 관리에 관한 법률 시행규칙(농림부령 201534호) 제3조에 규정되어 있다.

는 대개 도시근교림의 조성 및 이용과 소극적 관리 위주로 추진되어 왔다(홍성권, 1994; 김재준 외, 2000; 김선길, 2000; 조현제 외, 2001; 신원섭 외, 2003; 조현길 외, 2003; 서울대학교 임업과학연구소, 1994). 도시근교림의 적극적 관리를 위한 시대적 과제는 무엇이며, 관련 문제들을 어떻게 접근하고 해결해야 할 것인지에 대해 분석한 연구는 찾기 어려운 실정이다.

국립산림과학원(1999)의 도시림 실태조사 및 관리방안의 경우, 효율적인 도시근교림 관리를 위해 도시근교림의 대부분을 차지하고 있는 사유림 문제의 적절한 해결대책을 강조하고 있으나 관련 대안을 제시하지는 못했다. 이성기(1999, 2001)는 산림관리와 유역보전에 있어서 주민참여에 의한 합의형성과 합의형성과정의 체계화를 강조하고 있다. 그리고 이경일(2004)과 석현덕(2005)은 조건불리지역 산림과 보안림, 자연환경보전지역, 자연공원지역으로 지정되어 있는 사유림에 대해 임업직불제 도입 등을 통한 정책 효율성 제고를 강조하고 있다.

국외 연구로서 魚住侑司(1997)와 林地保全利用研究會(1996)는 도시근교림의 적극적 관리 시 발생하는 갈등관리 방안으로 정부 자체가 사유림을 매입·임차하거나 세금을 감면해 주는 등의 조례제정을 제안하고 있다. 木平勇吉(1997)은 산림 관리에서 지역주민과의 합의형성의 중요성과 합의형성 방법 및 합의형성을 위한 매뉴얼을 제시하고 있다. 다만 여기서는 갈등 관련 상황을 임목벌채에 따른 산주와 지역주민 간의 갈등관리로 한정하고 있다. Sato(2005)는 도시근교림의 지속 가능한 경영을 위해 임업직불제의 확대를 제안하고 있다.

Konijnendijk(1997a, 1997b, 1998)는 유럽 도시들에 있어 도시근교림 관리 시 발생하는 갈등의 원인과 관리 사례를 제시하고 있다. 하지만 유럽의 도시근교림은 국가와 지방정부 소유의 국유림과 공유림이 대부분을 차지하고 있어, 사유림이 70% 이상인 우리나라와는 큰 차이가 있다.

이 장에서는 도시근교림의 적극적 관리의 필요성을 인지하고, 적극적 관리과정의 한 형태로서 도시근교림 관리상의 갈등사례 분석을 통한 합의형성방안 모색에 초점을 두었다. 실제 논의대상 지역으로는 도시근교림의 다양한 특성이 부각되기 용이한 경상북도의 5개 도시지역을 이용하였다. 넓은 면적의 국립공원이 있고 역사·문화적 전통이 강한 경주시, 도립공원 및 IT 관련 국가산업단지가 있는 구미시, 안동댐과 임하댐 등의 지리적 여건으로 자연환경 보전지역이 많고 유교문화적 전통이 강한 안동시, 큰 면적의 보안림이 분포되어 있고 철강산업이 특화된 포항시, 대도시의 인근도시로서 개발제한구역이 많은 경산시 등 5개 도시를 중심으로 도시근교림 관리상에 실재하고 있는 갈등요인을 분석함과 동시에 합의형성을 이끌어 낼 수 있는 수단을 모색해 보았다.

관리 갈등 유형과 이론

갈등이란 행동주체 간의 대립적 또는 적대적 상호작용을 말하는데, 여기서 행동주체는 개인이나 집단일 수도 있고 조직일 수도 있다. 갈등은 심리적 대립감과 대립적 행동을 포괄하는 개념이다(박종화 외, 2004). 따라서 갈등은 지역개발, 환경기초시설, 사회간접자본시설(SOC), 자원이용과 관련하여 행동주체들 간에 대립적 또는 적대적 상호작용이 발생하면 언제든지 일어날 수 있다.

갈등 개념을 살펴보면 다음과 같다(이종열, 1995; 박종화, 1999; 최홍석 외, 2003; 김서용, 2005). 첫째, 갈등은 둘 이상의 행위주체(당사자)들 간에 발생하는 것으로, 행위주체가 최소한 둘 이상에서 갈등이라는 상호작용의 한 양태가 가능하다. 행위주체는 개인이나 집단일 수도 있고 조직일 수도 있다. 개인과 개인, 개인과 집단, 집단과 집단 간은 서로 갈등을 야기할 수 있는 위치에 있다.

둘째, 갈등은 행위주체 간의 심리적 대립감과 적대적 행동을 내포하는 동태적 과정을 나타낸다. 갈등관계는 서로 관련된 일련의 연속과정에 의해 형성된다고 말할 수 있는데, 일련의 연속과정이란 갈등을 야기할 수 있는 상황이 형성되는 과정, 갈등을 야기할 수 있는 상황을 지각하는 과정, 당사자가 갈등상황을 지각하고 긴장 · 불안 · 적개심 등을 느끼는 과정, 대립적 또는 적대적 행동을 표면화하는 과정 등이다. 이러한 연속과정은 언제나 끝까지 진행되는 것은 아니고 어느 한 과정에서 중단될 수도 있다.

셋째, 갈등은 외부로 표출되는 대립적 행동만을 지칭하는 것은 아니다. 설혹 대립적 행동이 표면화되지 않더라도 당사자들이 갈등상황을 지각하고, 긴장 · 불안 · 적개심 등을 느끼기 시작하면 벌써 갈등이 내재되어 있다고 보아야 한다. 하지만 당사자들이 지각하지 못하는 갈등상황의 존재는 갈등이라고 보기 어렵다.

넷째, 갈등의 진행과정에서 대립적 행동의 표출은 싸움이나 파괴와 같은 폭력적 행동만을 의미하는 것은 아니다. 가벼운 의문이나 이견을 말하는 것과 같은 최저 수준에서부터, 상대방을 파멸시키려는 극단적 수준에 이르기까지 그 양태가 다양하게 나타날 수 있다.

도시근교림의 경우 갈등의 잠재적인 가능성이 매우 높을 것으로 보인다. 왜냐하면 관련 자원은 대개 한정되어 있는데, 그에 대한 수요는 급증하고 있고 수요의 양태 역시 다양하게 나타나고 있기 때문이다.

(1) 도시근교림 관리 갈등 유형

도시근교림 관리 관계자들 간의 기본적인 갈등관계는 [그림 5-1]과 같이 표시할 수 있다.

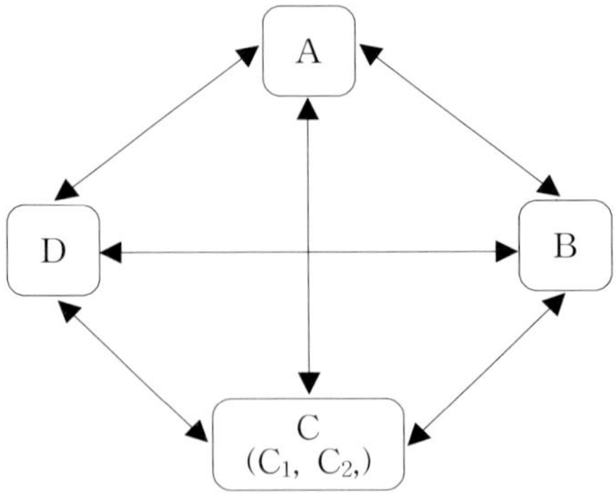

[그림 5-1] 도시근교림 관리 관계자들 간의 갈등관계

〈범례〉
A : 도시근교림 산주　　B : 도시근교림 이용객
C : 행정기관(C_1 : 도시근교림 관리 기초자치단체 및 지방정부, C_2 : 도시근교림 관리 중앙관련부처)
D : NGO 및 언론매체

가. 도시근교림 산주와 도시근교림 이용자 간의 갈등(A-B)

도시인구 증가로 도시의 외연적 확산, 도시민의 노령화, 웰빙(well-being)시대의 도래, 주 5일 근무제 도입 등으로 도시근교림 방문객이 급증하고 있다. 방문객이 늘다 보니 지역에 따라 샛길이 새로 생기고 환경쓰레기가 쌓이기도 한다. 때로는 산주가 소중히 가꾸어 놓은 송이 생산지, 산나물 채취장, 장뇌삼 재배지 등이 훼손되기도 한다. 방문객들로 인한 이러한 피해를 막기 위해 산주는 자기 산을 통과하는 기존의 등산로를 폐쇄하고, 심지어 사유권 행사로서 입산료를 받겠다고 주장하기까지 한다.

이와 같은 갈등은 기본적으로 산주와 이용자 간에 산지 이용에 대한 사회적·경제적 규범이 정착되어 있지 못하고, 도시근교림을 사유재산으로 인식하기 보다는 오랜 타성에 의해 공유재(共有財)로 인식하는 경향이 잠재해 있기 때문일 것이다. 게다가 지난 반세기 동안 공공부문의 도시근교림 관리자들이 도시근교림 조성 및 도시민의 이용확대, 산불과 병충해 방지 등에 치중한

나머지 도시근교림 산주들의 경영상 어려움을 도시민들에게 제대로 이해시키고자 하는 노력이 부족했기 때문일 것이다.

나. 도시근교림 산주와 도시근교림 관리 행정기관 간의 갈등(A-C)

① 도시근교림 산주와 지방정부, 기초자치단체 녹지·산림행정관리자들 간의 갈등(A-C_1)

오늘날 우리가 향유하고 있는 도시근교림은 대부분 산림자원의 조성 및 관리에 관한 법률 제정 이후 제1차 치산녹화 계획시대(1973~1978)와 제2차 치산녹화 계획시대(1979~1987)에 걸쳐 황폐지 복구와 임산연료림을 조성하기 위한 목적으로 인공조림한 것이다.

그 결과, 산주들의 소득증대와는 무관하게 리기다소나무, 아까시나무, 오리나무류 등으로 산림이 구성되었다. 산주들의 소득증대와 장기적인 발전을 위해서는 현재의 도시근교림을 향토수종을 비롯한 수종으로 갱신하여 조림하고, 가지치기·간벌 등 숲 가꾸기 사업을 추진하며, 도시근교림 관리의 기반시설인 임도건설 등 각종 산림사업은 물론 탐방객의 안전과 편의를 위한 등산로와 각종 편의시설의 설치가 필요하다.

문제는 도시근교림 관리자가 도시근교림의 산림현황과 실태를 예측하여 각종 산림사업을 추진하려 해도 산주들이 쉽게 동의해 주지 않는 데 있다. 예컨테 정부의 각종 보조금제도가 있음에도 불구하고 산주가 산림사업추진에 동의를 해 주지 않는 것이다. 산주의 입장에서는 도시근교림으로부터 별다른 소득이 없다는 것과 지방정부 관계자들이 도시근교림 산주들을 위한 관련 조례나 규칙 마련을 소홀히 했다는 점 등을 불만사항으로 제시할 수 있을 것이다. 이러한 갈등이 지속된다면 지난 반세기 동안 그나마 어렵게 가꾸어 놓은 도시근교림을 제대로 관리할 수 없을 것이다.

② 도시근교림 산주와 도시근교림 관리관련 중앙정부부처 간의 갈등 ($A-C_2$)

도시근교림은 일반산림과는 달리 "산림자원의 조성 및 관리에 관한 법률"과 환경부의 "자연공원법", 국토해양부의 "국토의 계획 및 이용에 관한 법률" 등에 의해 소유자인 산주들의 재산권 행사나 각종 산림사업에 대해 규제가 실시되고 있다. 하지만 이들 법 규제로 인해 발생하는 피해에 대한 보상대책이 미비함으로써 관련 갈등이 발생할 수 있다.

다. 도시근교림 이용자와 관리자 간의 갈등(B-C)

1980년대 후반을 고비로 권위주의적인 정부의 몰락, 정보화와 개방 추세, 소득 및 여가시간의 증대, 자연환경 가치의 중시에 따라 도시근교림의 관리와 이용에 대한 도시민들의 기대와 관심이 날로 높아지고 있다. 도시근교림 이용자들은 관리자에게 "등산로를 개설해 달라", "편의시설을 갖추어 달라"는 등 민원을 제기하고 있다. 영림계획에 따른 임목의 수확벌채나 재선충병 방제를 위한 농약살포 등에도 자연훼손의 우려를 제기한다. 한편 산불경방기간 동안 입산을 금지하고 있음에도 불구하고 자기들의 편의를 위해 몰래 입산하여 산불을 내는 도시근교림 이용자들도 있다.

이러한 갈등의 원인은 도시근교림 이용자와 관리자 간의 상호이해 부족, 예컨대 도시근교림 이용자들의 욕구, 도시근교림 관리의 어려움, 도시근교림의 공익적 가치 및 산불피해 등에 대한 이용자의 인식 부족 등에 기인할 것으로 보인다.

라. 도시근교림 관리 행정가와 NGO · 언론매체 간의 갈등(C-D)

NGO 및 매스컴은 도시근교림뿐만 아니라 일반 산림관리에 직·간접적으로 다양한 영향을 미친다. 그 영향은 도시근교림 관리에 긍정적인 측면도 있을 것이고 부정적인 측면도 있을 것이다. NGO 및 매스컴이 도시근교림 관리자의 영림계획 작성과정의 미비점을 보완 하거나 집행과정상의 오류점검 기능 등을 수행할 경우 긍정적인 측면이 강화될 것이다. 반면에 도시근교림의 적극적인 관리계획이나 이행에 대해 NGO 및 매스컴이 단편적인 지식이나 주장으로 반대하게 되면 부정적인 측면이 강화될 것이다.

마. 산주 및 이용객과 NGO 간의 갈등(A-D, B-D)

환경시민단체들은 활동영역이나 한계성 때문에 도시근교림 관리에 있어 산주와 이용객들에 대한 직접적인 갈등을 표출하기가 쉽지 않다. 하지만 행정기관을 상대로 "왜 임목벌채 허가를 내 주었느냐, 왜 임도를 개설해 주었느냐, 왜 간벌을 시행했느냐, 왜 등산로를 개설했느냐" 등의 이의를 제기할 수 있고, 실제 다양한 목소리를 내고 있는 것이 현실이다.

임목수확벌채 또는 이용객의 편의시설 설치 확대 등 향후 도시근교림 관리가 본격화될 경우 산주와 NGO(A-D) 간, 이용객과 NGO(B-D) 간의 갈등은 더욱 표면화될 것으로 예상된다.

(2) 합의형성의 이론적 논의

합의형성의 사전적 의미는 '의견이나 입장이 다른 사람들의 다양한 교섭과 조정을 통해 쌍방이 동의하는 하나의 결론에 도달하는 것'이다. 여기에는 대화라는 경과(과정)와 동의라는 결과(목표)가 있다. 하나의 결론에 도달하는 결과만이 중요하다고 믿으면 이 용어의 의의는 반감된다. 오히려 대화, 상호이해의 과정에 중요한 의미가 있다. 전문가와 주민의 대화는 누구를 위해 무엇을 위해 합의형성이 필요한가를 다시 생각하게 한다. 대화의 기회와 방법을 발견하여 실행하는 것이 합의형성의 실질적인 부분이다(木平勇吉, 1997).

木平勇吉(1997)은 '주민이 산림을 관리하는 계획수립에 적극적으로 관여하여 이해를 높이고 의견을 교환하는 기회'를 합의형성의 주된 내용으로 보고 있다. 산림관리상의 합의형성 과정에서 주민의 참여는 다양한 형태로 나타난다. 계획의 현지설명회, 공청회, 자유 토론회 등 입안에 직접 관여하는 경우와 등산, 캠프, 산책, 식물관찰회, 탐조회, 생태관광(Ecotourism) 등 산림을 알고 즐기는 경우 등이 있다. 전자는 계획의 입안단계에 대한 주민참여이고, 후자는 일상적인 주민참여에 해당한다. 이와 같이 산림 관리상의 합의형성이란 좁은 의미에서의 '동의 구하기'부터 즐거운 '친림활동(親林活動)'의 참여까지를 포함한 넓은 의미의 단어로 정의할 수 있다.

박종화(1997)는 합의형성에 있어서 갈등상황하에 있는 문제에 대한 새로운 선택기회를 비대결적인 탐색으로 찾아내는 것에 초점을 둔다. 갈등상황하에 있는 문제에 대한 새로운 선택기회를 중립적인 제3자를 이용하여 비대결적인 탐색으로 찾아보고자 하는 중재협상(mediated negotiations)은 비용과 시간의 측면에서 소송보다 유리하지만 이 과정이 실패하면 당사자는 법정에 서게 될 수도 있다. 따라서 중재자는 상호일치할 수 있는 선을 제시함으로써 양극화된 갈등을 해결하는 데 기여할 수 있다. 중재협상의 과정은 구체적인 사안에 따라 다소 차이가 있겠지만 보편적으로 사전준비과정, 협상 및 합의형성과정, 실행 및 평가과정으로 구성된다(Madigan et al., 1990; 권원용, 1993; 이종규, 1995).

Konijnendijk(1998)는 헬싱키, 베를린 등 유럽의 16개 도시림을 대상으로 한 갈등 관리 연구에서 도시림은 일반적인 임업과는 구조적으로 다르다는 점을 강조하고 있다. 여기서의 갈등의 주된 형태는 자연보호에 관한 산림계획과 관리의 갈등, 임업 대 도시개발의 갈등, 다양한 휴양 형태 사이의 갈등, 휴양 대 보호의 갈등 등으로 나눌 수 있다. 공공 정책 결정자들은 때로는 갈등 집단(계획과 관리 갈등의 경우)으로 직접 개입할 수도 있고, 또 다른 경우에는 중재자와 심판자의 역할로서 개입할 수 있다. 이따금 갈등은 내용보다는 과정적 혹은 개인적인 차원의 문제로 나타난다. 보다 작은 규모의 갈등들은 도시림 관리에서 지속적으로 발생하지만, 대규모 갈등은 한정적이다. 산림보호의 입장을 취하는 사람들의 행동은 신문사에 투고하는 것에서부터 직접 참여하는 것까지 다양하다. 임업과 도시개발 사이의 갈등 관리를 위해 산주와 주민들에 대한 보상 제도를 도입하고 있으나 갈등관리에 대한 수단이 여전히 부족함을 지적하고 있다.

Lewicki et al.(1994)은 합의형성 과정에 대한 논의의 기초내용이라 할 수 있는 갈등과 갈등 관리에 대해 개괄적으로 검토하고 있다. 특히 갈등은 파괴적인 측면뿐만 아니라 생산적인 측면도 있음을 언급하며, 갈등의 비생산적이고 파괴적인 측면들을 최소화하고 생산적인 장점을 살리는 갈등 관리가 효과적임을 강조하고 있다. 또한 합의형성에서 갈등 당사자 간 협의로부터 제3자를 통한 중재, 소송 등 기본적인 전략 등을 제시하고 있다.

합의형성과 관련한 이론들은 대체적으로 대화와 협상을 통한 조정과정에 주목하고 있다. 대화와 협상을 통한 사전 조정은 법정을 통한 분쟁해결보다 생산적이고 비용 면에서도 효과적일 가능성이 높다. 하지만 대화와 협상을 통한 원만한 합의형성이 가능해지기 위해서는 갈등 당사자들 간에 상황에 대한 정확한 인식, 각자의 권리와 의무에 대한 명확한 인지 등이 수반되어야 한다. 특히 도시근교림의 관리 갈등 사례와 같이 갈등 당사자가 다양하고 복잡하게 얽혀 있는 경우에는 더욱 그러할 것이다. 따라서 여기서는 대표적인 관련 사례를 검토함으로써 갈등의 원인이 무엇인지, 어떻게 그리고 왜 갈등이 해소되었는지 또는 해소되지 않았는지를 검토하고자 한다.

도시근교림 관리갈등 해소를 위한 국내외 정책 사례

(1) 국내 사례

가. 시민참여 프로그램

서울그린트러스트(2002년 12월 설립), 녹색문화재단(2003년 7월 설립), 산지보전협회(2004년 4월 설립), 경기녹지재단(2004년 2월 설립), 생명의 숲(1998년 3월 설립) 등은 주로 산림·녹지보전, 도시생태공원 조성, 산림휴양·문화의 창달과 푸른 숲 교육에 역점을 두고 시민참여 프로그램을 형성·개발하고 있다. 하지만 도시근교림 관리자 간에 상존하거나 잠재해 있는 갈등을 해소하려는 노력은 미미한 실정이다.

나. 임도타당성 평가위원회

임도개설 시 발생하는 NGO와 산림관리자 간의 갈등을 해소하기 위해 산림자원의 조성 및 관리에 관한 법률 제9조의 2(산림관리기반시설의 설치)와 동법 시행규칙 제4조의 2(산림관리기반시설의 타당성 평가 등)에 의거, 2001년부터 지방정부에서 임도타당성 평가 위원회(6~7명으로 구성)를 설치·운영하는 것은 산림사업 추진상 발생하는 갈등을 해소하기 위한 효시로 볼 수 있다.

다. 임업직불제

우리나라의 임업직불제는 이경일(2004)과 석현덕(2005)에 의해 논의되기 시작했다. 도시근교림 관리를 위한 산림자원의 조성 및 관리에 관한 법률이 개정되고 조례가 제정되었어도 국가와 지방정부, 기초자치단체의 예산 형편상 도시근교림을 전부 매입 또는 임차할 수 없는 것이 현실이다. 이에 대한 보완책으로 임업 직불제가 제시되고 있다.

임업부문에서의 직접 지불제 도입의 필요성으로 언급되고 있는 내용들을 정리하면 첫째, 적기에 산림시업을 하는것이 다양한 산림의 공익적 기능 유지와 증진을 위해서 필요하다. 하지만 채산성 악화 등으로 적절한 임업활동이 어려워 적기에 산림시업을 못하면 산림이 가지는 다양한 공익적 기능이 저하될 우려가 있다. 둘째, 지속 가능한 산림경영을 통해 산림환경과 자연경관을 유지 및 증진시킬 수 있다. 셋째, 산림자원이 대부분인 산촌지역에 대해 각종 규제에 상응하는 소득보상 차원에서 직접지불제 도입이 필요하다.

이경일(2004)은 우리나라의 경우 임업직불제 도입 시 WTO가 정한 허용보조(Green Box) 형식에 맞추어 친환경 임업 직불제형, 조건불리지역 임업 직불제형, 산림경관보전 임업 직불제형을 우선 도입해야 한다고 제안하고 있다.

라. 임업보조금제도

임업분야에 대한 보조금 지급의 법적 근거는 산림자원의 조성 및 관리에 관한 법률, 지방재정법, 보조금의 예산 및 관리에 관한 법률을 들 수 있으나 이 중에서 보조금제도의 운영에 가장 직접적인 영향을 미치는 법은 보조금의 예산 및 관리에 관한 법률이다.

산림자원의 조성 및 관리에 관한 법률 제64조에서는 법의 목적을 달성하기 위해 필요한 경우 사업비의 전부 또는 일부에 대해 보조금을 지급할 수 있도록 규정하고 있으며, 동법 시행령 제68조에서는 산림경영계획 작성·변경, 산림사업의 실행, 임업기술 지도, 조림 및 숲 가꾸기 장려, 산림관리 기반시설의 조성·관리, 종묘·종균의 생산 및 개발, 채종림, 산림유전자원보호림 및 시험림의 조성·관리 및 보호수의 관리, 특수 산림사업지구 사업, 도시림·자연휴양림의 조성·관리 및 운영, 산불예방 및 진화, 산림병해충의 예방·

구제, 산림조합·산림조합중앙회의 운영 및 사업의 추진, 국가가 임업단체에 위탁하는 사업, 해외산림개발, 기타 그 밖의 산림의 경영·개발 및 산림소득증대를 위해 산림청장이 필요하다고 인정하는 사업 등 15개 분야에 걸쳐 민간에 보조금을 지급할 수 있도록 규정하고 있다. 산림자원의 조성 및 관리에 관한 법률상 보조금 지급규정은 임의규정으로서 보조금 지급을 직접적으로 구속하는 것은 아니나, 일단 산림사업에 대한 보조금 지급 대상 사업을 포괄적으로 규정하였다는 점에서 그 의의를 찾을 수 있다.

그런데 임업보조금제도는 숲 가꾸기, 조림, 육림, 임도 등 생산임업을 위한 보조제도로, 도시환경보전 및 산림휴양 등 공익적 기능을 제공하는 도시근교림의 관리상 발생하는 갈등을 해소하는 데에는 실질적인 도움을 주지 못하고 있는 실정이다.

마. 사유림매입제도

국유림의 경영 및 관리에 관한 법률 시행령(대통령령 제19640호) 제12조(국유림의 확대 및 매수)에는 보안림의 지정목적을 달성하기 위해 필요하다고 인정될 때에는 국가가 당해 산림을 매수하거나 국가가 소유하는 다른 산림과 교환하는 조치를 취할 수 있다. 최근 10년간 사유림을 매수한 실적을 보면 연평균 약 272억 원의 예산으로 7,227ha를 매입하였으나 대부분 대면적(50ha 이상)의 사유림을 구입하였을 뿐 도시근교림의 영세산주(5ha 이하)의 산림을 매입한 실적은 전무하다.

(2) 국외 사례

우리나라 도시근교림의 사회적 특성과 배경이 유사한 일본의 사례를 중심으로, 도시근교림 관리갈등 해소를 위한 국외 사례를 제시한다.

가. 일본의 산림관리와 합의형성을 위한 표준 매뉴얼

일본의 경우 산림관리와 합의형성에 대한 기술을 축적하기 위해 '산림관리와 합의형성'이란 표준 매뉴얼을 제작하였다(木平勇吉, 1997). 표준 매뉴얼은 합의형성의 정의, 합의형성의 방법, 합의형성의 사례를 주된 내용으로 한다.

나. 일본의 갈등 해소를 위한 시민참여 프로그램

갈등 해소를 위한 시민참여 프로그램으로 후쿠오카시권(福岡都市圈)의 '수원의 기금(水源の 基金)'과 다카쓰키시(高槻市)의 '산림관광센터', 요코하마시의 '시민의 숲'과 '자연관찰의 숲' 제도에 대해 간략히 살펴본다(魚住侑司, 1997).

후쿠오카시권의 수원의 기금은 시 권역의 근교림이 목재 등의 임산물 생산 자원뿐만 아니라 환경자원이나 문화자원으로 이용되고 있음에 주목한다. 따라서 관련 기금을 조성하고 활용하여 후쿠오카현 내의 민유림을 대상으로 주요 댐 주변, 보안림, 보안림 예정지 등을 산림 소유자의 신청에 의해 수원의 숲으로 지정한다. 그 지정 산림에 있어서 조림, 하예, 가지치기 등의 수원함양 기능을 높이기 위한 산림조성정비사업을 실시한 산림 소유자에게 기금을 활용하여 보조금을 교부한다. 이처럼 수원의 숲으로 지정된 후쿠오카현 내 전역의 산림은 1992년도 말 현재 95,389ha로 되어 있다. 이것은 현 내 민유림 면적의 48%, 삼나무, 편백 인공림의 76%에 달한다.

다카쓰키시는 인구 36만 명이며 산림 면적은 시 면적의 45%인 4,681ha이다. 사유림은 전체 도시근교림 면적의 89%인 4,174ha를 차지하고 있다. 다카쓰키시의 산림조합은 약 45ha의 면적에 산림관광센터, 즉 종합관리동, 산장, 숲 속의 찻집, 목재가공센터, 체험학습 실험림, 임내 산책로 등 시민이 녹색의 자연환경을 누리고 체험할 수 있는 산림 레크리에이션 시설을 갖추고 있다. 최근 연평균 2억 엔의 수익을 올려 산림조합의 경영기반을 안정화시켰을 뿐만 아니라 산림 면적에 따라 수익금을 도시근교림 산주에게 되돌려 줌으로써 도시민들과 산주들의 갈등 해소에 크게 기여하고 있다.

요코하마시의 시민의 숲은 1971년에 요코하마시 녹지보존특별대책 사업의 일환인 시민의 숲 설치사업으로 출범하여 요코하마시 근교림에 20개소가 설치되어 운영되고 있다. 이것은 시민의 숲 설치요강에 따라 산주를 보호하고 시민에게 휴식장을 제공하는 것을 목적으로 한다. 산주와의 계약으로 시민의 숲에 편입된 산림은 고정자산세, 토지보유세 감면 외에도 필요에 따라 시가 매입하거나 산림 면적에 따라 녹지육성 장려금을 지원하고 있다. 시민의 숲은 일정 규모 도시근교림을 하나의 단지로 관리·이용하고 있는 사례로서, 앞으로의 도시근교림의 보전관리나 이용에 큰 시사점을 제공한다.

요코하마시의 자연관찰의 숲은 환경청 사업으로서 1984년부터 운영되고 있다. 연간 방문자 수는 약 4만 2천 명이다. 본 숲의 활동 이념은 지역주민의 참가로 잡목림을 복원하여 생물의 생식환경을 만들고, 잡목림의 손질이나 생산물의 이용을 즐기며 잡목림의 이용법을 학습·개발하는 것이다. 또한 상기 제 행사를 실시하고 그것을 위한 인재를 육성한다. 자연관찰의 숲은 참가자들에 대해 잡목림 관리 체험, 레크리에이션, 자연보호 자원봉사자(volunteer) 활동으로서 기능하고 있다. 산주에게는 잡목림의 관리와 이용 촉진 외에 녹지육성 장려금을 지급하고 있다.

다. 일본 요코하마시의 도시근교림 매입, 차지 및 세제지원제도

일본 요코하마시(横浜市)는 독자적으로 조례를 만들어 도시근교림에 대해 시(市)가 매입, 차지하거나 산주에게 세제상의 혜택을 주고 있다(魚住侑司, 1997). 도시근교림 중 도시녹지보전지구는 '수도권근교녹지보전법'에 따라 산림고정자산세 5할 감액, 시에 대하여 매입 청구, 양도소득세 감면(2,000만

엔까지), 특별토지보유세를 면세한다. 도시근교림 중 녹지보전지구는 '녹환경을 조성 및 육성하는 조례'에 따라 10년간의 토지임차계약을 맺고 고정자산세 상당액의 장려금 교부, 도시계획세 상당액의 장려금 교부, 시민 이용의 경우는 매수를 실시한다.

시가지 녹지의 경관확보사업은 요코하마시 경관의 특징인 사면녹지 보전을 목적으로, 특히 경관이 우량한 지역을 매수하는 사업이다. 근거법령은 '시가지 녹경관 확보에 관계되는 후보지 선정 및 매수의 방책'이며 조성방법은 매수이다. 수원림(水源林) 설치사업은 요코하마 시민의 생명줄(수도, 가스, 통신, 전력 등)을 안전하게 이용하기 위해 요코하마시 하수도국의 사업으로 실시되고 있다. 이것은 특히 수원함양기능의 고도발휘가 기대되는 원류부(源流部)의 산림이나 통수원(涌水源)으로 되고 있는 산림 등이 대상이다. 근거법령은 '수원(水源) 숲 설치사업실시요령'이며, 10년 이상의 토지임대계약으로 고정자산세 평가액의 3% 상당의 임대료로 조성된다.

라. 일본의 산림정비 지역활동지원 교부금 프로그램(Shinrinseibi Chiikikastudo Shien Kofkin, SCSK)

이 프로그램은 임업 직불제의 한 종류로 임야의 여러 기능들을 알맞게 유지·관리하기 위해 장려하는 것이다. 즉 임야소유주들과 그 외의 사람들이 체계적이고 통합적인 방법으로 임야를 관리할 수 있게 하는 데 꼭 필요한 지역의 임업활동을 지원하는 장치이다(Sato, 2005). 보조금의 수혜자들은 5년 동안 임야운용계획 담당자나 담당 대표자로 활동해야 하며, 지역 자치단체와 지역임업활동을 해 나간다는 협정서를 맺어야 한다. 임야운용계획 단위는 30ha 이상이므로 소규모 임야 소유주들은 그룹으로 자신들 중 대표자를 선출해야 한다. 수혜자들은 실제적인 조건들과 임야 관리사항들을 고려해 메뉴에서 하나 혹은 그 이상의 활동들을 선택해서 매년 실시한다. 매 회계연도 말에 자치단체는 실행 여부를 확인하고 교부금을 지급한다.

본 프로그램에서 우리가 주목해야 할 것은 첫째, 우리나라에서는 임의작성제도로 바꾼 산림경영계획 작성을 지원의 기본으로 하고 있다는 점이다. 즉 산림의 장기적인 경영을 계획하고 그 실행을 모니터링하는 수단으로서 산림경영계획이 매우 중요한 수단으로 기능한다는 점이다. 둘째, 본 제도가 지역의 재량권을 최대한으로 부여했기 때문에 지역실정에 맞는 정책집행이 가능하다는 장점이 있다. 셋째, 이 교부금은 개별 산주뿐만 아니라 30ha 이상의 단지화된 산림의 계획을 작성한 주체에게도 지원되기 때문에 지역 차원의 산림활동을 촉진하여 산림상황을 개선시킬 수 있다는 점이다.

일본의 구조적 갈등 해소 사례에서 특히 주목할 만한 것은 도시근교림을 관리하고 있는 산림부서 외에도 수원림 설치사업으로 발생하는 갈등 해소를 위해, 하수도국사업본부가 자연관찰의 숲 지정으로 발생하는 갈등 해소를 위해 앞장서고 있다는 점 등이다.

마. 미국의 FLP(Forest Legacy Program)와 FLEP(Forest Land Enhancement Program)

미국의 산림관리 프로그램은 기본적으로 산림자원의 공익적인 기능과 사적 재산권의 보호기능 등을 동시에 강조하고 있다. 즉 환경보전을 위해 산림자원 개발을 억제할 경우, 이에 대해 산주에게 직접적으로 경제적인 보상을 하는 것이다.

미국의 FLP(Forest Legacy Program)는 도시근교의 산림과 같이 지역적으로 반드시 보존해야 하는 산림에 대한 개발권을 산주로부터 장기계약을 통해 구입하되 그 개발권에 대한 보상은 직접지불 형식으로 한다. 이럴 경우 해당 산림은 임업적인 경영은 할 수 있지만 타 용도로 전용되는 것은 허용되지 않는다. 미국의 GRP(Grassland Reserve Program)도 역시 초지를 보호하는 직불제 프로그램으로, FLP와 거의 같은 개념의 보호프로그램으로 볼 수 있다.

FLEP(Forest Land Enhancement Program) 역시 산림의 전체적인 생태수준을 높이기 위해 정부의 가이드라인에 따라 관리하는 경우에 발생된 경제적인 손실을 산주에게 지원하는 프로그램이다(석현덕, 2005). 즉 일반적인 생태활력을 높이기 위해 산림을 관리하는 경우 상실되는 경제적 손실을 직접 지불제로 산주에게 보상하는 것이다. 일본의 산림정비지역 활동지원 교부금제도도 이와 유사한 직불제로 분류할 수 있다.

이상의 도시근교림 관리에서 발생하는 갈등 해소를 위한 우리나라와 일본의 정책사례의 차이점을 요약하면 [표 5-1]과 같다.

[표 5-1] 도시근교림 관리상 발생하는 갈등의 합의형성을 위한 한·일 프로그램 비교

구분		한국	일본
합의형성을 위한 표준 매뉴얼		전혀 없음	일부 되어 있음 (산림벌채)
합의형성을 위한 시민참여 프로그램	산림부서	일부 있음 (임도타당성위원회)	잘 되어 있음
	수자원관리부서	전혀 없음	잘 되어 있음
	환경관리부서	전혀 없음	잘 되어 있음
	산림조합	전혀 없음	잘 되어 있음
합의형성을 위한 조례 제정		전혀 없음	잘 되어 있음
합의형성을 위한 임업 직불제 도입		전혀 없음(논의 중)	시행중

도시근교림 관리정책의 갈등사례 실증분석

(1) 도시근교림 관리현황

분석대상지인 경상북도 5개 도시(경산, 경주, 구미, 안동, 포항)의 기본 현황을 토지면적, 인구, 임야비율을 토대로 정리하면 [표 5-2]와 같다. 토지면적은 안동시가 1,520.0km^{2}로 가장 넓게 나타났고, 인구밀도에 있어서는 구미시가 599명/km^{2}로 가장 높게 나타났다. 도시근교림의 골격을 이루는 임야비율에 있어서는 대부분 60~70%로 나타났으며, 대구광역도시권에 가까울수록 임야비율이 다소 낮게 나타나고 있다.

[표 5-2] 도시 기본 현황(2005년 기준)

구분	토지면적(㎢)	인구(명)	인구밀도(명/㎢)	임야비율(%)
경 산 시	411.6	126,744	308	57.9
경 주 시	1,323.9	280,092	212	68.5
구 미 시	616.3	369,343	599	57.0
안 동 시	1,520.0	174,037	114	71.0
포 항 시	1,127.0	506,817	450	67.2

주) 면적, 임야비율은 반올림하였음.
자료 : 경상북도 통계연보(2005).

소관별 산림면적을 살펴보면 [표 5-3]과 같이 경산시는 사유림이 전체의 약 92%로 거의 대부분을 차지하고 있으며 국·공유림은 8% 정도에 불과하다.

[표 5-3] 소관별 산림면적 (2005년 기준)

(단위: ha, %)

구분	합계	국유림			공유림			사유림
		계	산림청 소관	타 부처 소관	계	도유림	시·군유림	
경산시	23,862	887	688	199	1,116	-	1,116	21,859
	(100.0)	(3.7)	(2.9)	(.8)	(4.7)	-	(4.7)	(91.6)
경주시	90,231	3,993	3,647	346	8,074	945	7,129	78,164
	(100.0)	(4.4)	(4.0)	(.4)	(8.9)	(1.0)	(7.9)	(86.6)
구미시	34,580	1,615	1,455	160	2,801	486	2,315	30,164
	(100.0)	(4.7)	(4.2)	(.5)	(8.1)	(1.4)	(6.7)	(87.2)
안동시	107,169	5,926	5,396	530	6,401	53	6,348	94,842
	(100.0)	(5.5)	(5.0)	(.5)	(6.0)	(.0)	(5.9)	(88.5)
포항시	75,783	9,027	7,249	1,778	10,406	2,007	8,399	56,350
	(100.0)	(11.9)	(9.6)	(2.3)	(13.7)	(2.6)	(11.1)	(74.4)

자료 : 경상북도 통계연보(2005).

5개 도시의 도시림 관련 예산을 시별 총예산 대비 산림녹지 사업비를 토대로 분석한 결과, [표 5-4]와 같이 대구광역도시권에 인접한 경산시가 3.7%로 가장 높게 나타났으며 경주시, 안동시, 포항시 등 대구광역도시권과 다소 거리가 있는 도시에서는 2% 이하로 나타났다.

[표 5-4] 도시근교림 관련 예산 현황(2005년 기준)

구분	시별 총예산(A) (백만 원)	산림·녹지 사업비(B) (백만 원)	비율(B/A)
경산시	230,958	8,574	3.7
경주시	414,835	5,440	1.3
구미시	374,212	11,864	3.2
안동시	366,400	6,245	1.7
포항시	629,110	11,600	1.8

자료 : 경상북도 산림과 내부자료를 토대로 재구성하였음.

(2) 도시근교림 관리갈등 사례 및 해결방법

도시근교림 관리정책의 갈등유형 및 종류를 파악하기 위해 2006년 3월부터 6월까지 포항시 17명, 경주시 15명, 구미시 12명, 안동시 16명, 경산시 15명 등 총 75명의 도시림 관리자(담당 산림공무원)를 대상으로 최근 3년간 발생한 도시근교림 관련 주체 간의 갈등에 대해 행정기관 내부문헌조사 및 면접조사를 실시하였다.

그 결과 [표 5-5]와 같이 산주와 행정기관 간 갈등이 23건(24.5%), 입산자와 행정기관 간 갈등이 20건(21.3%), 산주와 입산자 간 갈등 및 NGO와 행정기관 간 갈등이 각각 18건(19.1%), 산주와 산림관련부처 간 갈등이 15건(16.0%)으로 나타났다.

[표 5-5] 도시근교림 갈등사례 현황

(단위: 건수, %)

사업별	갈등주체 유형					합계
	산주와 입산자	산주와 행정기관	입산자와 행정기관	NGO와 행정기관	산주와 산림관련 부처	
포항시	3(16.7)	4(22.2)	4(22.2)	4(22.2)	3(16.7)	18(100.0)
경주시	6(24.0)	8(32.0)	6(24.0)	3(12.0)	2(8.0)	25(100.0)
구미시	2(10.5)	4(21.1)	3(15.8)	5(26.3)	5(26.3)	19(100.0)
안동시	5(27.8)	3(16.7)	5(27.8)	2(11.1)	3(16.7)	18(100.0)
경산시	2(14.3)	4(28.6)	2(14.3)	4(28.6)	2(14.3)	14(100.0)
합계	18(19.1)	23(24.5)	20(21.3)	18(19.1)	15(16.0)	94(100.0)

자료 : 2005년 말 기준 최근 3년간 해당 행정기관 내부자료임.

[표 5-6]은 관련주체별 갈등사례현황과 해결방법, 미해결사유에 대한 분석표이다. 산주와 입산자 간의 갈등사례는 송이 채취, 산나물 채취, 장뇌삼 채취 등 입산자의 불법적 행위에 의한 갈등으로, 주로 당사자 간 합의 혹은 피해에 대한 금전적 보상으로 해결되는 것으로 파악되었다. 산주와 행정기관

간의 갈등사례는 임도개설, 사방사업, 병충해 방지, 숲 가꾸기, 영림계획과 관련된 갈등으로, 금전보상 이외에 행정적 지원에 의한 합의와 당사자 간 협의에 의해 해결되고 있었다.

입산자와 행정기관 간의 갈등은 등산로 및 편의시설 설치, 산불조심 기간이나 송이생산 기간 중 입산금지로 나타났으며, 법적·제도적 장치 미비 등으로 갈등 해결이 되지 않고 있었다. NGO와 행정기관 간의 갈등은 임도개설, 산나물 채취, 산림시설(휴양림 등) 설치 반대, 벌채, 병해충 방지, 숲 가꾸기 등으로, 자연환경 훼손을 우려하는 NGO의 요구에 의한 갈등 형태가 지속되는 것이 대부분이었다.

마지막으로 산주와 산림관련부처 간의 갈등 사례로는 보안림, 자연공원, 자연환경 보전지역, 도시공원 등 산림시업이나 재산권 행사가 법적으로 제한되는 산림편입에 대한 산주들의 규제완화 요청, 지정면적 최소화, 정부매입 요청, 보상요구 등과 같은 민원발생이었다. 특이한 것은 이러한 갈등사례들은 단 한 건도 해결되지 않은 채 갈등이 지속된다는 점이다.

[표 5-6] 도시근교림 관리관련 갈등사례 및 해결방법

지역	갈등유형	사례	건수	해결방법						미해결 사유 및 기타 해결방법
				당사자 협의	금전보상	행정지원	소송	미해결	기타	
포항 (18건)	산주와 입산자	송이 채취	1		○					
		산나물 채취	2	○	○					
	산주와 행정기관	임도개설	2			○		○		임도 편입용지 보상요구 미해결
		사방사업	1			○				
		병충해 방제	1			○				
	입산자와	등산로 및 편의시설 설치	1					○		예산부족으로 미해결

	행정기관	산불기간 중 입산금지	1	○						
		수목원 통과도로 폐쇄	2					◎		수목원 지정으로 기존 도로 폐쇄
	NGO와 행정기관	임도개설	2	○					○	환경파괴 우려 중단요구로 인한 노선변경
		산나물 남벌	1	○						
		자연휴양림 지정 반대	1						○	지정취소요구로 장소변경
	산주와 산림관련 부처	보안림(어부 보안림)	3					●		보안림 해제 요구 지정목적 미달성으로 불허
경주 (25건)	산주와 입산자	송이 채취	2	○	○					
		산나물 채취	4	●	○					
	산주와 행정기관	임도개설	2						◎	임도 편입용지 보상요구로 노선변경 분묘 옆 통과사유로 노선변경
		사방사업	1			○				
		숲 가꾸기	2			○	○			
		영림계획	1			○				
		병충해 방제	2	○					○	소나무 재선충 감염지역 전면 벌채 반대로 선택 벌채로 변경
	입산자와 행정기관	등산로 및 편의시설 설치	1					○		예산부족으로 미해결
		산불기간 중 입산금지	3	●						
		송이산 출입금지	2					◎		도유림 송이산 등산로 폐쇄로 갈등이 지속됨
	NGO와 행정기관	임도개설	2			○		○		국립공원 인근지역 경관훼손 우려로 협의 중단 후 미개설
		숲 가꾸기	1					○		덕동댐 수원함양 저해 이유로 사업 중단
	산주와 산림관련 부처	자연공원(환경부)	1					○		자연공원 구역면적 축소 요구로 갈등 지속
		보안림(어부 보안림 사례)	1					○		택지조성 이유로 보안림 해제 요구 지정목적 달성을 위해 불허
구미 (19건)	산주와 입산자	산나물 채취	2	○	○					

	산주와 행정기관	임도개설	1			○				
		숲 가꾸기	1	○						
		병충해 방제	2	○		○				
	입산자와 행정기관	등산로 및 편의시설 설치	1					○		예산부족으로 미해결
		산불기간 중 입산금지	2					◎		등산로 폐쇄 최소화 요구 갈등 지속
	NGO와 행정기관	임도개설	1					○		환경파괴 우려 중단 요구 갈등 지속
		숲 가꾸기	1					○		환경파괴 우려 중단 요구 갈등 지속
		벌채	2	○				○		환경파괴 우려 중단 요구 갈등 지속
		병충해 방제	1	○						
	산주와 산림부처	자연공원(환경부)	3					●		공원편입산림에 대한 건축물 신축 1건, 시업 2건으로 정부매입, 지정면적 최소화, 규제완화 요청 후 갈등 지속
		보안림	2					◎		편입산림에 대한 정부매입 요청 지정면적 최소화 요구 시업규제 대폭 완화 요구
안동 (18건)	산주와 입산자	송이 채취	1	○						
		산나물 채취	3	○	◎					
		장뇌삼	1						○	산주 고발로 형사처벌
	산주와 행정기관	숲 가꾸기	1	○						
		영림계획	1			○				
		병해충 방제	1						○	소나무 재선충 발생지역의 전면 벌채 반대로 선택 벌채로 변경
	입산자와 행정기관	등산로 및 편의시설 설치	3			●				
		산불기간 중 입산금지	2					◎		등산로 폐쇄 최소화 요구 갈등 지속
	NGO와 행정기관	임도개설	1					○		환경파괴 우려 중단 요구 갈등 지속
		병충해 방제	1	○						
	산주와 산림관련 부처	자연환경 보전지역 (국토해양부)	3					●		안동댐 주변 편입산림에 대한 정부매입 및 시업규제 대폭완화를

										요구하는 산주들과의 갈등 지속
경산 (14건)	산주와 입산자	산나물 채취	2	◎						
	산주와 행정기관	임도개설	1					○		편입용지 보상요구로 개설중지 후 갈등 지속
		사방사업	1			○				
		영림계획	1	○						
		병충해 방제	1			○				
	입산자와 행정기관	등산로 및 편의시설 설치	1					○		예산부족으로 미해결
		산불기간 중 입산금지	1					○		등산로 폐쇄 최소화 요구 갈등 지속
	NGO와 행정기관	임도개설	2					◎		환경파괴 우려 중단 요구 갈등 지속
		숲 가꾸기	2	◎						
	산주와 산림관련 부처	도시공원법(국토해양부)	1					○		편입산림에 대한 정부매입 및 시업규제 대폭완화를 요구하는 산주들과의 갈등 지속
		보안림	1					○		편입산림에 시업신청 불허

주) 사례 건수는 2005년 말 기준으로 최근 3년간의 자료임.
○ : 1건, ◎ : 2건, ● : 3건임.
자료 : 경상북도 산림과 및 개별 시의 내부자료를 토대로 재구성하였음.

[표 5-7]은 [표 5-6]의 갈등 유형별 사례들에 대한 해결방법을 정리한 것이다. 먼저 산주와 입산자 간의 갈등은 총 17건이 해결된 것으로 나타났으며, 해결방법은 당사자 간 협의가 55.6%, 금전보상이 38.9%로 나타났다. 산주와 행정기관 간 갈등에서는 총 23건의 사례에서 17건이 해결되었고 6건이 미해결로 나타났다. 해결방법은 금전보상 이외의 행정적 지원에 의한 합의가 11건(47.8%), 당사자 간 협의가 5건(21.7%)으로 나타났으며, 법적·제도적 미비에 의한 미해결은 2건(8.7%)으로 나타났다. 입산자와 행정기관 간의 갈등은 총 20건 가운데 7건이 해결되었고, 13건이 미해결로 나타났다. 해결방법은 당사자 간 협의가 4건(20.0%), 금전보상 이외의 행정지원이 3건(15.0%)으로 나타났다. 미해결된 13건(65.0%)은 모두 법적·제도적 미비가 원인이었

다. NGO와 행정기관 간 갈등은 총 18건 가운데 8건이 해결되었고 10건이 미해결로 나타났다. 해결방법은 당사자 간 협의가 7건(38.9%), 금전보상 이외의 행정지원이 1건(5.6%)으로 나타났다. 미해결 된 8건(44.4%)은 거의 대부분 법적·제도적 미비로 인한 것이었다. 마지막으로 산주와 산림 관련 부처 간의 갈등은 총 15건 가운데 단 한 건도 해결되지 않았는데, 그 원인은 모두 법적·제도적 미비로 나타났다.

전체적으로 볼 때 미해결로 인한 갈등이 지속되는 경우가 45건(47.8%)으로 나타나, 갈등 해소에 관련된 국내외 사례들을 벤치마킹하여 대책을 수립하는 것이 시급한 것으로 판단된다.

[표 5-7] 갈등유형별 해결 및 미해결 현황

(단위: 건수, %)

사업별	해결방법				미해결 원인		합계
	당사자 협의	금전보상	행정지원 (금전보상 이외)	소송	법적·제도적 미비	기타	
산주와 입산자	10 (55.6)	7 (38.9)	-	-	-	1 (5.6)	18 (100.0)
산주와 행정기관	5 (21.7)	-	11 (47.8)	1 (4.3)	2 (8.7)	4 (17.4)	23 (100.0)
입산자와 행정기관	4 (20.0)	-	3 (15.0)	-	13 (65.0)	-	20 (100.0)
NGO와 행정기관	7 (38.9)	-	1 (5.6)	-	8 (44.4)	2 (11.1)	18 (100.0)
산주와 산림 관련 부처	-	-	-	-	15 (100.0)	-	15 (100.0)
합계	26 (27.7)	7 (7.4)	15 (16.0)	1 (1.1)	38 (40.4)	7 (7.4)	94 (100.0)

정책적 시사점

도시팽창, 고령화 사회로의 이행, 웰빙시대의 도래, 주 5일 근무제의 도입 등으로 도시근교림은 도시민들의 생활공간으로 새롭게 주목받고 있다. 그런데 도시근교림 관리상의 주요 역할 주체들인 도시근교림 산주와 산림 · 녹지 행정부서 간, 도시근교림 산주와 도시근교림을 생활공간으로 하는 도시민 간, 도시근교림 산주와 산림청 · 환경부 · 국토해양부 등 정부부처 간, 도시근교림 이용자와 산림 · 녹지 행정부서 간, 산림 · 녹지 행정부서와 NGO 간 등에서 도시근교림 관리에 대한 갈등이 확산되고 있다.

이러한 실정에도 불구하고 도시근교림 관리 관계자들 간에 상존하거나 잠재하는 갈등의 유형에는 어떤 것이 있으며, 구체적인 갈등의 원인은 무엇인지, 그리고 어떻게 하면 당사자 간 합의를 도출해 낼 수 있을지에 대한 체계적인 분석이 미흡한 상태에 있다. 이에 여기서는 경상북도 5개 시(경주, 경산, 구미, 안동, 포항)를 대상으로 도시근교림 관리 관계자들 간의 갈등현황 및 해소방안 등을 검토하였는데, 여기에서 얻을 수 있는 정책적 시사점은 다음과 같다.

첫째, 도시근교림의 산주, 이용자, 관리자 및 도시근교림 관리 관련 정부부처 간에 상존하는 갈등 유형으로는 산주와 이용자 간의 갈등, 산주와 관리자 간의 갈등, 이용자와 관리자 간의 갈등, 관리자와 NGO 및 매스컴 간의 갈등, 산주와 도시근교림 관리중앙부처(산림청, 국토해양부, 환경부) 간 갈등으로 크게 구분할 수 있다.

둘째, 산주, 이용자, 관리자, 중앙부처, NGO 간에 상존하는 갈등을 해소할 수 있는 다양한 형태의 합의형성 방안 모색 및 법적 · 제도적 미비점 보완이 시급한 것으로 보인다. [표 5-7]에서 보듯이 갈등 유형별 해결방법이 차이가 있지만, 대체적으로 당사자 협의와 금전보상 이외의 행정지원이 주요한 해결방안으로 나타나고 있다. 그리고 금전보상 방안은 산주와 입산자 간의 갈등 해결에 유용한 방안으로 부각되고 있다. 전체 갈등사안 중 1/3 이상이 법적 · 제도적 미비 때문에 미해결로 나타나고 있으므로 관련 법적 · 제도적 장치

마련이 중요할 것임을 짐작할 수 있다. 국회를 통한 입법과정 노력과 함께 자치단체 차원에서는 관련 조례제정 문제를 검토할 수 있을 것으로 보인다.

도시근교림의 공익적 서비스 기능을 반영하여, 지방자치법 제15조에서 규정하고 있는 관련 조례와 규칙을 제정할 필요가 있으나 도시근교림 산주들의 사기진작을 위한 조례와 규칙은 아직 제정된 것이 없다. 일본 요코하마시의 조례를 벤치마킹하여 도시관리에 필수적인 산림에 대해서는 매입, 임차 또는 각종 세제지원을 마련할 필요가 있다고 판단된다.

셋째, 도시근교림 관리에 시민이 참여할 수 있는 프로그램을 개발함으로써 산주와 이용자 간, 이용자와 관리자 간의 갈등을 해소하는 데 크게 기여할 수 있을 것으로 보인다. [표 5-7]에 의하면 산주와 입산자 간의 갈등의 경우 당사자 협의와 금전보상이 주요 방안으로 지적되고 있다. 산주와 행정기관 간의 갈등의 경우 금전보상 이외의 행정지원 및 당사자 협의가 주요 방안으로 언급되고 있다. 협의과정은 물론이고 금전적 보상 및 행정적 지원에 이르기까지 시민참여 프로그램들은 시민의식을 성숙시키고 발전시켜 갈 수 있기 때문이다. 魚住侑司(1997)와 Konijnendijk(1998) 등의 연구결과 역시, 산주와 도시근교림 이용자 간에 발생하는 갈등이 산주들의 경영상의 어려움과 도시근교림의 공익적 서비스기능에 대한 이용자들의 이해부족에 기인한다는 점을 지적하고 있다. 따라서 도시근교림 관리를 직접 체험할 수 있는 프로그램을 많이 만들어야 할 것으로 판단된다. 일본 요코하마시가 운영하고 있는 '시민의 숲'과 '자연관찰의 숲', 후쿠오카시의 '수원의 기금' 등의 프로그램을 벤치마킹할 필요가 있을 것으로 보인다.

넷째, 도시근교림의 공익적 서비스 기능을 산업화할 수 있는 프로그램 개발이 필요할 것이다. 산림·녹지부서와 산림조합이 실행한 최근 5년간의 산림사업 실적과 산림사업 프로그램을 검토해 보면 대부분 산림의 조성, 산불

방지, 병충해 관리업무 및 사방댐, 임도건설에 치중하고 있다. 장기적으로 지속 가능한 도시근교림의 관리를 위해서는 도시근교림의 공익적 서비스 기능을 산업화할 수 있어야 할 것으로 보인다. 일본 다카쓰키시의 산림관광센터 프로그램을 벤치마킹할 필요가 있다고 판단된다.

다섯째, 갈등 해소를 위한 합의형성 도구와 합의형성 방안을 모색하는 동시에, 합의형성 방안을 전문적으로 시행할 수 있는 합의형성 전문인의 양성을 고려할 수 있다. 기초자치단체인 각 시에서는 우선 가칭 '산림사업 합의형성위원회'를 조직하여 운영하는 것도 가능하리라 판단된다. 단, 위원회에는 산주와 시민대표들을 참여시켜야 할 것이다. 지방자치단체와 산림청에서는 도시근교림 관리의 기술적인 지원과 함께 지역개발에서 발생하는 분쟁을 해소하기 위해 환경부가 운영하고 있는 환경분쟁조정위원회의 조직과 운영(법률 제7919호)을 벤치마킹할 필요가 있을 것으로 보인다.

여섯째, 본 분석 대상지역인 경주시, 경산시, 구미시, 안동시, 포항시 도시근교림의 경우 86% 이상이 사유림이다. 많은 사유림이 산림자원의 조성 및 관리에 관한 법률에 의거한 보안림, 국토의 계획 및 이용에 관한 법에 의거한 자연환경 보전지역과 개발제한구역, 자연공원법에 의거한 국립공원·도립공원·군립공원 등으로 편입되어 임목수확벌채 방법과 임목수확벌채령 등 산림사업에 큰 제한을 받고 있다. 이로 인한 산주와 각 법 집행 주체인 정부부처 사이에 발생하는 갈등을 해소하기 위해서는 일본의 산림정비 지역활동지원교부금 프로그램인 SCSK(Shinrinseibi Chiikikastudo Shien Kofkin) 프로그램을 벤치마킹하거나, 도시근교림 관리부처가 역할을 분담해 사유림을 매수 또는 차입하거나 피해보상을 해 줄 수 있는 법령 개정이 필요할 것으로 보인다.

부록

지역갈등 현황 및 조정 : 미국 사례

지역갈등은 다양한 지역문제로부터 기인한다고 볼 수 있다. 토지나 물과 같은 제약된 천연자원에 대한 경쟁 등에서부터, 기피시설에 대한 부정적인 반응에 이르기까지 다양한 지역문제로부터 다양한 형태의 지역갈등을 예상할 수 있다.

예컨대, 폐기물 매립지 같은 주민기피시설의 입지문제와 관련된 자치단체 내부의 갈등 또는 자치단체 간 갈등, 새로운 여객 터미널 건설과 관련된 자치단체 간 갈등 등을 생각해 볼 수 있다. 뿐만 아니라 카운티와 연안도시들 간의 연안관리계획과 관련된 갈등문제도 생각할 수 있다. 아래의 세 가지 사례들은 Madigan et al.(1990)의 자료와 Godschalk(1992) 자료를 부분적으로 발췌하여 번역·정리한 것이다.

(1) 워싱턴 주 포트 타운센드에서의 여객선 터미널의 입지(Siting a Ferry Terminal in Port Townsend, Washington)

가. 새로운 터미널에 대한 수요

Port Townsend는 워싱턴 주 Olympic Peninsula의 끝에 있는 인구 약

6,000명의 그림같이 아름다운 연안 도시이다. 매일 최소 5회 정도 여객선이 그 반도와 내륙부분을 오가며 주민과 관광객을 실어 나른다. 포트 타운센드의 주민들(그리고 그 반도의 나머지 부분의 주민들)은 다양한 이유로 그 여객선에 의존하고 있다 : 내륙 교통편용, 관광객을 위한 비즈니스용, 지역 가게들은 물품 공급용. 대신에, 내륙으로부터의 방문객들은 그 여객선을 우림지대, 해변, 반도 내의 연어 낚시터로 가는 통로로 이용하고 있다.

1972년에 주 교통국(DOT : State Department of Transportation)이 포트 타운센드 여객선의 운영을 떠맡았다. 2년 후, 주 교통국은 이전에 비해 규모가 크고 무거운 여객선을 취항시켰다. 그런데 이 새로운 여객선은 계선장 내부와 인근에 보다 향상된 하선시설을 필요로 했다. 몇 가지 부분적인 개선에도 불구하고, 기존 터미널은 훨씬 많아진 여객수요를 충당하기에는 부적절하게 보였다. 여객선 터미널 인근 통행 차량이 거북이 걸음을 하고, 굼뜨는 통행 차량들은 인근 도로를 마비시키는 사태에 이르렀다.

주 교통국 해양담당부는 1975년에 새로운 터미널에 대한 계획을 초안하기 시작했다. 시장, 시위원회, 지역의 여객선 자문위원회 등과 함께 일하면서, 주 교통국은 보다 규모가 큰 새로운 터미널을 시 중심부에 있는 기존의 하선장 한 블록 남쪽에 세우기로 결정했다.

나. 기존 주민들과 새 주민들 간의 갈등

1976년 7월 특별 타운 미팅에서 갈등이 분출되었다. 주민들은 새 터미널이 어디에 세워져야 하느냐와 누가 그것을 결정해야 하느냐를 두고 의견이 나뉘었다. 어느 정도까지는, 그 터미널은 지역사회 내에 있는 보다 큰 갈등, 즉 경제개발에 대한 찬반논쟁의 한 부분이었다. 오래전부터 그곳에 거주해 왔던 주민들은 그 타운의 오르락내리락하는 경제상황에 싫증이 났다. 그래서 개발을 통해서 경제상황을 개선하고 싶어 했다. 이와 대조적으로, 그곳에 거주한 지 얼마 되지 않은 신규 전입자들, 즉 젊고 대학교육을 받았고 자유주의적인 주민들은 그 타운의 '번영이 결여'된 분위기를 더 선호했다.

기존 주민들과 새 주민들은 또한 행정적 업무처리에 대해서도 의견이 나뉘었다. 대부분의 지방공무원들은 기존 주민들이었고, 그들은 자신들의 직책에 귀속되어 있는 실질적인 재량권을 행사했다. 그러나 새 주민들은 그 도시 내의 '기존(old-boy)' 네트워크를 의심하고 지방정부를 보다 확장된 시민참여의 형태로 개방하기를 원했다.

지역주민들은 2년 반 동안(1976년 중반부터 1978년까지) 새 터미널에 대한 신규제안을 놓고 격론을 벌여 왔다. 그동안 주 교통국은 그 논쟁이 잠잠해지기를 기다리는 입장이었다. 법적으로는, 주 교통국이 새 터미널의 개발을 추진할 수 있는 상황이었다. 왜냐하면 시 공무원들이 이미 그 개발 건을 승인한 상태였기 때문이다. 그러나 그 개발 건에 반대하는 사람들은 법적 소송을 통해 그 프로젝트를 지연시킬 수 있는 그런 상황이었다. 시간이 경과하자, 갈등은 점점 더 격화되었고 법적 소송이 점점 더 가능성 있는 대안으로 부각되기 시작했다.

다. 사안의 해결을 촉구하는 압력

1979년, 긴장상태는 정점에 도달했다. 그해 한겨울 폭풍이 포트 타운센드로의 유일한 다른 주요 교통로인 후드 운하 부교(Hood Canal Floating Bridge)를 휩쓸고 지나갔다. 그에 따라 주 교통국이 비상여객선 서비스를 실시하자 포트 타운센드의 구 선착장의 여객과 차량 통행량이 이내 3배로 급증하는 사태가 발생하였다.

이에 더하여, 주 교통국은 갈등상태의 심각성을 보다 진지하게 지각하고 만약 당사자 간의 합의가 곧 이루어지지 않을 경우 새로운 터미널에 대한 자금조달을 그만두겠다고 위협했다. 주 교통국은 다른 도시들의 다른 프로젝트에 그 자본금을 보내야 하는 압력을 받고 있었기 때문이다.

1979년 3월에, 지역 주 상원의원 한 사람이 워싱턴 대학에 기반을 둔 환경중재기관(the Institute for Environmental Mediation, 현재 이름은 the Mediation Institute)과 접촉을 했다. 그와 동시에, 주 교통국 해양분과 과장이 비슷한 질의를 했다. 그 양자와 상의한 후에, 워싱턴 대학 환경중재기관은 갈등사안에 대해서 두 명의 중재자를 할당하기로 합의하였다.

라. 갈등 당사자들을 확인하기 위해 실시된 인터뷰

그 두 중재자들은 갈등사안에 대해 관심이 있거나 또는 관련된 도시주민 50명가량을 인터뷰함으로써 그들의 업무를 시작했다. 이 인터뷰를 통해서 그들은 갈등사안에 연계된 다양한 집단들, 각 집단의 지도자 또는 대변자들, 그 여객 터미널에 대한 각 집단의 이해관계의 강도 등을 확인했다. 종국에는, 중재자들이 갈등에 대한 해결책을 협상하기 위해 지역사회 내 9명의 핵심인물에게 접근했다. 중재자들은 9명의 사람들이 갈등사안의 주요 집단들을 나타낸다고 보았다. 따라서 그들이 지역사회 나머지 사람들에게 합의를 충실하게 전달할 수 있을 것으로 보았다. 협상자들은 원래의 여객선 자문위원회로부터 2명, 타운 계획위원회 성원 중 1명, 지방은행장, 그리고 여러 명의 시민과 비즈니스 대표들로 이루어졌다. 일단 그 협상자들이 참여하기로 동의하자마자, 타운위원회는 공개적으로 그 중재노력을 인정했다. 중재자들은 또한 협상의 전 과정에 걸쳐 협상자들과 함께 일할 수 있는 기술자문위원회를 소집했다. 위원회는 그 도시 및 주 교통국 계획가와 엔지니어로 이루어졌다.

마. 갈등사안의 명료화

최초의 공식적 협상회의 이전에, 두 명의 중재자들 중 한 명이 중재 역할을 그만두었다. 남아 있는 한 명의 중재자는 논쟁 중인 사안에 대한 보다 나은 통찰력을 얻기 위해 9명의 협상 멤버들을 개별적으로 만났다. 그 갈등은 새로운 터미널이 세워져야 하느냐 아니냐 하는 문제가 아니라 어디에 세워져야 하느냐의 문제라는 것이 명료하게 되었다.

바. 장소기준의 개발

첫 번째 협상회의에서, 당사자 집단들은 새로운 터미널의 대안적인 장소들을 평가하는 6가지 기준들에 합의했다 :

- 교통흐름에 미치는 영향
- 도심주차에 미치는 영향
- 도심지에 미치는 도보 통행자들의 접근성
- 관광객들에 미치는 도심지의 매력
- 연안선과의 적합성
- 도심부에 있는 국가적 역사보존지구에 미치는 영향

주 교통국은 터미널에 대한 부가적인 기준들과 제약조건들을 제시했고, 협상 참여자들이 그것들을 받아들였다.

사. 주간 회합의 개최

다음 4주간에 걸친 주간 회합에서, 당사자들은 도심지 외부에 있는 일단의 장소들을 배제하기로 합의했다. 그러나 그 합의안들은 도심지에 단일 장소로 합의하는 것과는 계속 큰 격차가 있었다.

여섯 번째 회합에서, 기술자문위원회 계획가 중 한 명이 여객선 선착장을 아주 새롭게 디자인한 스케치를 제출했다. 그의 제안은 각 당사자의 주요 관심사를 나타내는 것으로 보였다. 결국 최종 합의안의 기초로 그 디자인이 사용되었다.

1980년 3월에 당사자들은 새로운 터미널에 대한 특별한 설계와 장소를 승인하는 합의안에 서명했다. 새로운 장소는 타협안을 나타냈다. 계선장과 주차구역은 도심지로부터 도보통행구역 내의 어떤 지점, 즉 바로 수면 위에 건설되었다 - 그 장소는 여객선 이용객 편에서는 자신들의 업무 수행상 충분히 가까운 거리에 있었고 또한 교통 혼잡을 방지할 만큼 충분히 먼 거리에 있었다.

아. 새로운 터미널 건설

협상자들 중 두 명이 협상안의 이행을 점검할 수 있도록 할당되었다. 주 교통국이 그 장소에 대한 상세한 초안을 완성했으므로, 이들 당사자들은 그 프로젝트가 합의안과 일치되게 진전되는지를 확인하기 위해 주 교통국 및 시 공무원들과 회합을 가졌다.

이들 중재노력의 결과로 포트 타운센드에는 현재 새로운 여객선 터미널이 있다. 작은 걸림돌들이 처음에 그 이행을 지연시켰다 : 합의안 이후 첫 번째 해에 제출된 건축입찰가가 주 교통국의 예산을 초과하였다. 하지만 주 교통국은 다음 해에 그 입찰가를 승인했다. 1980년에 실시된 새로운 시장선거 또한 이행을 지연시켰다. 왜냐하면 새 시장은 그 협상과정에 참여하지 않아서 최종 합의안에 훨씬 덜 구속적이었기 때문이다. 그럼에도 불구하고 그 터미널은 1983년 말경에 완성되었다.

자. 비영리단체의 자금기여

포트 타운센드의 협상과정에 소요된 자금은 환경중재에 관한 워싱턴대학 연구소에 대한 보조금 형태로 포드재단으로부터 조달되었다. 이들 자금은 중재자들의 시간 및 여행경비로 쓰였다.

(2) 위스콘신주 세이무어 타운 … 유 클레어 시에서의 폐기물 매립지의 입지
(Siting a Dump for Eau Claire, Wisconsin … in Seymour, Wisconsin)

Eau Claire는 위스콘신주 서쪽 경계선 가까이 위치한 인구 5만 명 정도의 작은 도시이다. 수년 동안 유 클레어 시는 시의 서쪽 2마일 거리에 있는 협곡 속에 쓰레기를 버려 왔다. 세월이 흐른 후 협곡은 쓰레기로 가득 차게 되고 침출수는 인근의 작은 하천을 오염시키기 시작했다.

1974년 초에 위스콘신 주 천연자원국(the Wisconsin Department of Natural Resources : DNR)은 유 클레어 시의 기존의 폐기물 매립지가 주의 환경오염기준을 초과한다는 이유로 그것을 폐쇄하도록 조치하였다. 그러자 유 클레어 시는 즉각적으로 새로운 매립지를 찾기 시작하여 1974년 여름경 인근 도시인 세이무어 타운에서 새로운 매립지를 구매했다. 그러나 유 클레어 시의 구매협상은 그 새 매립지 후보지의 토지소유자만을 대상으로 이루어졌다; 세이무어 타운 공무원들은 유 클레어 시가 그 장소를 폐기물 매립장소로 계획하고 있다는 것을 전혀 모르고 있었다.

1974년 가을에야 유 클레어 시정 관리관이 세이무어 타운 의장에게 폐기물 매립지 안을 알렸다. 당연히, 깜짝 놀란 의장은 지역사회로부터의 환류된 반응을 도출하기 위해 1975년 1월에 특별 타운 미팅을 소집했다; 세이무어 타운의 반응은 가히 폭발적이었다. 시민들은 폐기물 매립지 안에 대해서 분노감을 감추지 못했고, 타운 공무원들이 변호사를 고용해 법정에서 그 문제를

다투도록 촉구했다.

1975년에서 1976년까지 유 클레어 시와 위스콘신 천연자원국은 그들 나름대로 세이무어 매립지의 설계를 협상했다. 유 클레어 시 공무원들은 쓰레기를 처리할 수 있도록 매립지에 큰 구멍을 파는 것만 원했다; 그러나 위스콘신 천연자원국은 매립지에 토사복토와 특별배수체계를 갖출 것을 강조했다. 결국, 위스콘신 천연자원국의 안이 받아들여져 유 클레어 시는 토사복토와 배수체계를 갖추는 것에 동의했다. 그 과정에서 매립지 조성비용은 3배가 되어버렸다. 한편, 세이무어 시에서 선임한 변호사는 법적인 대응전략을 계획하고 있었다.

1976년 초에 위스콘신 주 천연자원국(DNR)은 세이무어 주민들과 환경보호론자들의 열띤 공방과 반대에도 불구하고 세이무어 매립시설을 인가해주었다. 세이무어와 환경 보호론자들은 곧 모든 가능한 행정적·법적 검토작업을 신청하는 등 지연전술로 맞섰다. 1976년 가을부터 1978년 여름까지 이 전술들이 매립지의 개발을 정지시켰다.

1978년 초, 세이무어는 그 매립지에 대한 위스콘신 주 천연자원국(DNR)의 인가에 도전하기 위해 주 공공중재청(the State Office of the Public Intervener)을 설득하는 데 성공하였다. 공공중재청은 주 검찰청 산하기구로서, 부분적으로는 위스콘신 주 천연자원국(DNR)의 개발활동을 감시·감독하기 위해 만들어진 것이었다. 세이무어 변호사와 공공중재청은 두 가지 장기적인 노력에서 힘을 합쳤다 :

- 세이무어 매립지에 위스콘신 주 천연자원국(DNR)의 인가에 대해서 행정적 청문회를 개최한다.
- 그 장소에 대한 포괄적 환경영향평가서를 위스콘신 주 천연자원국(DNR)이 준비하도록 하는 법률 명령을 확보한다.

가. 실험적 프로그램인 시범프로젝트

공공중재청은 비록 주 검찰청의 산하기구이지만 주의 주요 환경단체들을 대표하는 독립적 자문위원회에 그 사안을 보고했다. 그 무렵, 위스콘신 주 공공정책센터의 중재자들이 환경갈등 내지 분쟁이 일어났을 때 이용할 수 있는 중재프로그램을 안내하러 왔다. 그들은 포드재단으로부터 자금을 조달받은 실험프로그램의 일부로서 그 서비스를 무료로 제공하고 있었다. 그와 같은 상황에서 위원회 구성원들은 내부적 논의를 거쳐 세이무어 케이스를 시범프로젝트로 추천하기에 이르렀다.

나. 소송과 중재의 동시진행

두 개의 과정이 진행되었다 – 소송과 중재. 세이무어에서 선임된 변호사와 공공중재청은 위스콘신 주 천연자원국(DNR)의 인가과정에 대해 두 가지 의문을 제기하며 소송의 최전선에서 활발하게 움직였다 :

- 세이무어 매립지 주변 환경평가의 부적절성
- 장소를 인가하기 전에 유 클레어 공무원과 세이무어 매립지의 설계를 협상할 때, 위스콘신 주 천연자원국(DNR)에 의해 드러난 이해관계의 잠재적 갈등

중재자들은 먼저 두 개의 주 기관들 간의 갈등을 해소하기 위한 노력을 진척시켰다 : 중재자들은 그 사안을 평가하기 위해 두 기관의 주요 인물들을 따로따로 만났다. 그리고 나서 그들은 기관대표들이 대면 접촉할 수 있는 두 번의 중재회의를 계획했다 – 1978년 3월에 한 번, 4월에 한 번. 전일제 형태의 두 번의 중재회의는 언론, 전화 또는 다른 매체에 의해 회의가 중간에 중단될 우려가 없는 호텔 방에서 진행되었다. 위스콘신 주 천연자원국(DNR)과 유 클레어 시 공무원들은 그들이 사실 적절한 쓰레기 처분장소를 찾기

위해 노력했었다는 사실을 공공중재청 변호사들에게 설명했다. 두 번째 회의 이후 공공중재청은 자신들의 안이 법정에서 승리할 가능성을 재평가해 본 후 소송을 각하하기로 결정했다.

그러나 세이무어 타운은 그 폐기물 매립지 안에 대해 계속적으로 이의를 제기했다. 따라서 중재자들은 이제 유 클레어 시와 세이무어 타운의 공무원들을 대면 접촉식 협상테이블로 유도하는 쪽으로 방향을 전환하게 된다.

다. 세이무어 시민들의 우려 사항

세이무어 타운 시민들은 폐기물 매립지 안에 대해 여러 가지 우려를 표시했다. 첫째, 폐기물을 매립지로 가져오는 트럭들 때문에 세이무어 주요 도로의 교통량이 엄청나게 증가할 것이라는 점. 둘째, 매립지로부터의 침출수는 근처의 작은 하천을 오염시킬 뿐만 아니라 전체 유역을 오염시킬 수 있다는 점. 결국, 세이무어 주민들은 유 클레어 시 공무원들이 그들의 이웃인 작은 타운을 취급하는 방식에 대해 분노하고 있었던 것이다.

라. 유클레어 시와 주 정부의 우려 사항들

유 클레어 시와 위스콘신 주 천연자원국(DNR) 또한 가능한 한 빨리 새로운 매립시설의 입지를 결정하는 문제에 대해 우려하고 있었다. 입지지정 결정이 지연될수록 건설의 잠재적 비용이 점점 커져 갔다. 이에 더하여, 우기가 시작되기 전에 매립지 건설을 완료해야 했다.

세이무어는 애초부터 소송으로 문제를 풀려는 의도였다. 그럼에도 불구하고, 중재자가 접근해 갔을 때, 세이무어 타운 의장은 유 클레어 대표들과 함께하는 회합에 참여하는 데 동의하였다. 6월의 이 미팅에서 양 당사자들은 매립지 안에 대해 자신들이 무엇을 우려하고 있는지를 밝히고 가능한 선택기회를 찾아보고자 노력했다. 세이무어 타운과 유 클레어 시는 계속 협상을 진행하기로 잠정적인 합의를 이루었다.

그러나 그해 7월과 8월에 세이무어 타운 공무원들은 유 클레어 시 공무원들과의 두 번째 미팅에 참여하지 않았다. 그들은 법정에서 그 사안이 어떻게 되어 가는지를 알아보기 위해 기다리고 있는 상태였다. 완전한 것은 아니지만 잠재적으로 우호적인 법정 결정이 8월에 내려짐에 따라 세이무어 타운은 그 분쟁사안에서 보다 유리한 위치를 차지하게 되었다. 이제 세이무어 타운은 법정을 통해 그 매립지에 대한 건설을 지연시킬 수 있을 것으로 보였다.

마. 주말 협상회의 안의 계획

8월 말에 세이무어 타운 공무원들은 협상에서 이용할 지렛대로서 그들이 새로 알게 된 법적 측면에서의 강점을 활용하기로 결정했다. 중재자들은 즉각적으로 유 클레어시에 있는 한 호텔에서 남아 있는 세 이해 당사자들(유 클레어 시, 세이무어 타운, 위스콘신 주 천연자원국)을 대상으로 주말 협상회의 안을 계획했다. 13명이 참여했는데, 시의 변호사를 포함하여 유 클레어 시에서 6명, 이사 2명과 변호사 1명을 포함하여 세이무어 타운에서 4명, 그리고 위스콘신 주 천연자원국(DNR)에서 3명의 대표가 협상에 참여했다.

바. 다섯 가지 주요 이슈

협상은 협상과정을 설명하고 주요 이슈를 확인하기 위해 모든 참여자들의 공동회의 방식으로 시작되었다. 그리고 나서 중재자들은 해결이 필요한 일련의 사안을 밝히기 위해서 세이무어 타운 대표들과 간부회의를 했다. 회의를 통해 다섯 가지 주요 요구사항이 드러났다 :

- 굴착을 할 수 있는 시간과 일수에 대한 제한

• 매립지에 대한 유 클레어 시의 이용년수는 7년으로 한정하고, 7년이 경과한 후 매립지에 대한 소유권은 세이무어 타운으로 이전
• 세이무어 타운이 매립지를 이용함
• 매립지가 이용되는 요일에 대한 제한(토요일과 일요일은 이용 불가)
• 매립지로 오가는 교통량을 통제하고, 쓰레기를 모을 수 있는 이적지점을 세이무어 타운 경계 바깥에 신축

그리고 나서 중재자들은 위스콘신 주 천연자원국(DNR)과 유 클레어 시 대표들을 따로따로 만나서 세이무어 타운의 요구사항을 검토하도록 했다. 위스콘신 주 천연자원국(DNR)과 세이무어 타운 대표들이 먼저 합의에 도달했다. 그리고 나서 중재자들은 유 클레어 시와 세이무어 타운 대표자들 사이에 '중간매체(go-betweens)'로 움직였다. 일련의 사적인 회합 후에, 중재자들은 세이무어 타운의 요구사항과 일치하는 최종 합의안을 만들고 재가할 수 있도록 세 집단을 다시 불러 모았다.

사. 순회법정에 기록된 합의문

다음 3일 동안에 세이무어 타운 협의회와 유 클레어 시 협의회는 그 합의안을 재가했다. 최종 합의서의 내용은 1979년 1월에 위스콘신 순회법정 기록으로 보존되었다.

아. 자금조달

중재자들의 시간경비는 위스콘신 주 메디슨에 있는 공공정책센터에 대한 포드재단으로부터의 보조금으로 조달되었다. 개인 변호사들의 시간경비는 그들 고객들이 부담했다. 주, 시, 그리고 타운 공무원들은 그들의 정규 근무시간 이후에 소비된 시간에 대해서 부가적 보상을 전혀 받지 않았다.

(3) 플로리다 주 볼루시아 카운티(Volusia County, Florida)의 연안관리계획 사안

데이토나 비치의 봄철 단체 휴양도시의 고향인 플로리다 주 볼루시아 카운티는 연안종합계획상의 연안관리요소에 대해 주변 연안도시들과 정부 간 합의를 성취하기 위해서 노력하고 있었다. 해변, 습지, 천연 영역 등 다양한 자연생태 위에 자리잡고 있는 10개의 연안도시들은 도시성장이슈에 대해서 볼루시아 카운티와 의견이 불일치하는 경우가 빈번했다. 쓰라린 정부 간 투쟁의 역사를 감안하여, 볼루시아 카운티는 민감한 연안계획이슈에 대한 합의를 촉진하는 갈등 해소 프로그램을 구축하기 위해 플로리다 주로부터 보조금을 획득했다. 그 갈등 해소 프로그램은 1988년에 설계되었고 연안관리항목들을 준비하는 자문 팀을 감독하는 데 책임이 있는 운영위원회에서 그 프로그램을 활용하였다. 1년 후, 합의계획은 볼루시아 카운티 연안관리항목(the Volusia County Coastal Management Element)으로 출판되었다. 그리고 1991년에 플로리다 주 지역사회국은 볼루시아 카운티에 최상의 대규모 카운티 종합계획안상을 수여했다.

가. 카운티와 연안도시들 간의 불일치성

카운티와 연안도시들 간에는 성장영역에 대한 관할권 이슈, 환경자원에 대한 보호, 그리고 기반시설의 제공 등에서 불일치가 생성되고 있었다. 이들 불일치는 특히 대안적인 토지이용과 성장관리 시나리오를 논의하던 중에 표면에 떠오르게 된다.

나. 연안계획과정과 종합계획안

연안계획과정은 과거 관행의 지속(환경적 및 도시서비스 비용관점에서 받아들일 수 없는 안)에서부터, 기존의 도시화된 영역 외부에는 개발을 금지

하는 것(정치·경제적으로 받아들일 수 없는 안)에 이르기까지 일련의 대안들을 고려했다. 최종적 종합계획에 따르면 연안도시들에 인접해 있으면서 자연자원 손실이 적절히 완화될 수 있는 선택적 영역에만 도시팽창을 허용했다. 계획 원칙은 도시내부의 개발을 강조하고, 작은 하천이나 습지와 인접해 있는 일련의 상호 연결된 녹지통로를 보전하며, 기존의 도시영역 바깥을 대규모로 '계획된 지역사회 형태'로 개발하는 것을 유도하는 것 등이다.

다. 연안계획상의 불일치와 궁극적인 타협

카운티와 주변 연안도시들 간의 연안계획 불일치가 이슈단계에서 완전한 분쟁상태로까지 치닫는 경우는 결코 없었다. 볼루시아 카운티와 주변 연안도시들 간의 연안계획 불일치는 정부 간 운영위원회에서 성공적으로 처리될 수 있었다. 정부직원들로 이루어진 이 위원회는, 과거의 갈등 내지 분쟁 때문에 초기에는 위원 간의 상호작용이 원만하지 못했다. 하지만 점차 상호학습형태로 갈등 해소를 위해 효과적으로 협력하게 되었다.

컨설턴트들은 컴퓨터 자료화된 것에서부터 연안의 취약한 환경체계에 대한 분석에 이르기까지 객관적이고 믿을 만한 데이터베이스를 운영위원회에 제공했다. 도시체계와 환경체계 간의 긴밀한 상호연계성에 대한 새로운 관점은 문제점에 대한 운영위원회의 관심을 집중시키는 데 도움을 주었다. 대안적 성장시나리오에 대한 체계적 분석은 해결 가능성을 두드러지게 함으로써 궁극적인 타협으로 이끌 수 있었다.

아마 최상의 통합요인은 제안된 갈등 해소 프로그램이었는데, 그 프로그램은 다음과 같은 사항들을 추천했다 :

- 이슈(불일치의 정도가 약함)는 직원운영위원회에 의해서 협상되어야 한다.

- 분쟁(불일치의 정도가 심함)은 선출된 공무원 대표 또는 중재자가 있는 전문 작업반(태스크 포스)에 의해 협상되거나 중재되어야 한다.
- 파국(불일치의 정도가 아주 심함)은 행정적 청문회나 법정에서 재정되어야 한다.

글의 출처

제1장 박종화(1996), 지역분쟁 해소의 기본방향과 전략, 『지역연구』, 12(2): 79-97을 토대로 재작성.

제2장 박종화(1999), 주민기피시설의 입지갈등과 중재협상, 『국토계획』, 34(5): 187-202를 토대로 재작성.

제3장 박종화(2000), 주민기피시설의 입지갈등과 중첩적 합의, 『국토계획』, 35(5): 261-277을 토대로 재작성.

제4장 박종화(2001), 지역이해상충의 조정에 있어서 전략적 중재의 이용, 『한국행정논집』, 13(3): 615-641을 토대로 재작성.

제5장 김선길·박종화(2006), 도시근교림 관리상의 갈등사례 분석을 통한 합의형성 방안에 대한 시론적 연구, 『한국행정논집』, 18(4): 1233-1257을 토대로 재작성.

참고문헌

경상북도(2005a), 『경상북도 도시림의 관리정책방안과 유망식물 재배기술 개발』.

경상북도(2005b), 『경상북도통계연보』.

국립산림과학원(1999), 『도시림 실태조사 및 관리방안』, 서울 : 임업연구원.

권원용(1993), 도시계획분야에 있어서 협상론의 도입을 위한 시론적 고찰, 『국토계획』, 28(4) : 5-20.

권해수(1993), 환경입지선정을 둘러싼 갈등분석, 『한국행정학회 동계학술대회 발표논문』, 215-234

권해수(1999), 관료제의 방안 : 시민단체의 조직화과정과 정책변화에 대한 영향력 비교연구, 『한국행정학회 99년도 하계학술대회 발표논문집(정부정책 및 정부개혁의 평가)』, 333-347.

김상구(2002), 협상의 영향요인에 관한 연구, 『한국행정학보』, 36(2) : 63-83.

김서용(2005), 환경갈등의 문화적 분석, 『한국행정학보』, 39(3) : 43-66.

김선길(2000), 『도시근교림의 보전 및 관리방안』, 석사학위논문, 경북대학교 행정대학원.

김선길 외(2006), 도시근교림 관리정책의 합의형성을 위한 관련주체자 의식조사, 『한국산림휴양학회지』, 7(1).

김선희(1993), NIMBYs의 경제학, 『국토정보』, 2월.

김용웅(1998), 국토개발관련 분쟁조정제도 개선방안, 『21세기 선진국토를 향한 정책과제』.

김용웅 · 차미숙(1997), 『국토개발관련 분쟁의 발생실태와 조정방안에 관한 연구』, 국토개발연구원, 12월.

김재준 외(2000), 도시림 이용특성 및 관리방향, 『2000년도 임학회 하계총회 및 학술연구발표회 프로시딩』, 159-160.

김종후 외(1994), 공공시설 설치에 따른 지역/집단 이해갈등과 조정에 관한 연구, 『지방자치연구』, 6(1) : 59-86.

박종화(1993), 폐기물 매립지와 적정보상, 『국토계획』, 28(4) : 55-77.

박종화(1996), 지역분쟁 해소의 기본방향과 전략, 『지역연구』, 12(2) : 79-97.

박종화(1997), 『지역경제론』, 서울 : 박영사.

박종화(1999), 주민기피시설의 입지갈등과 중재협상, 『국토계획』, 34(5) : 187-202.

박종화(2000), 주민기피시설의 입지갈등과 중첩적 합의, 『국토계획』, 35(5) : 261-277.

박종화(2001), 지역이해상충의 조정에 있어서 전략적 중재의 이용, 『한국행정논집』, 13(3) : 615-641.

박종화 외(2004), 『지역개발론』, 서울 : 박영사.

사득환(1997), 지방시대 환경갈등의 해결기제, 『한국행정학보』, 31(3) : 187-201.

사득환(1998), 환경갈등과 '대체적' 분쟁해결장치 : 인식과 대안, 『환경정책』, 6(2) : 109-130.

산림청(1997), 『도시림 관리체계의 확립과 조성방안』.

산림청(2005), 『산림관계법령집』.

서울대학교임업과학연구소(1994), 『도시림의 역할과 개선방향, 94년 임업과학 심포지움』.

석현덕(2005), 농업 직불제 현황과 산지 직불제의 도입 방향, 『한국산지보전협회 심포지엄자료』, 55-75,

소영진(1999), 딜레마 발생의 사회적 조건 : 위천공단 설치를 둘러싼 지역갈등을 중심으로, 『한국행정학보』, 33(1) : 185-205.

신원섭 외(2003), 도시림이 직장인의 직무만족과 스트레스에 미치는 영향, 『한국임학회지』, 92(1) : 92-99.

신창현(1993), 수도권 매립지로 인한 주민과 시행당국 간의 갈등 해소에 관한 연구, 『수도권매립지종합환경조사보고서』, 3월.

이경일(2004), 『임업분야 디커플링정책의 도입가능성 분석』, 박사학위논문, 광운대학교 대학원 행정학과.

이기철(1995), 님비현상과 관련된 분쟁론자들의 의식구조 분석에 관하여, 『국토계획』,

30(6) : 241-258.

이만형 외(1999), LULUs와 갈등관리 : 보상기준과 제약요인에 대한 모형구상, 『국토계획』, 34(6) : 169-190.

이성기(1999), 산림관리에 있어서 주민참여에 의한 합의형성의 도입, 『건국자연과학연구지』, 10(2) : 323-328.

이성기(2001), 유역보전에 있어서 합의형성의 체계화 과정, 『충북개발연구』, 12(1) : 113-119.

이수장(2001), 기피시설입지선정에 있어 합의형성방안, 『한국지방자치학회보』, 13(3) : 179-204.

이종규(1995), 도시개발사업에서의 갈등관리와 협상전략, 『협상연구』, 1(1) : 57-97.

이종규 외(1994), 『도시개발사업 수행을 위한 협상연구』, 시정개발연구원.

이종열(1995), 핵폐기물처리장 입지선정과 주민갈등, 『한국행정학보』, 29(2) : 379-396.

장동진 역(1998), 『정치적 자유주의(원저 *Political Liberalism* by J.Rawls, 1993, Columbia Univ Press)』, 서울 : 동명사.

장세훈(1994), 지역이기주의(NIMBY) 해소대책의 현황과 과제, 국회도서관 『현안분석』, 76.

정회성·이성우·강철구(1998), 국토환경의 보전과 이용관련 분쟁의 조정원칙과 방향, 『환경정책』, 6(1) : 112-133.

조현길 외(2003), 도시녹지의 대기환경개선 효과, 『한국조경학회지』, 31(3) : 83-90.

조현제 외(2001), 여수시 도시림의 식생관리단위 및 생태적 특성, 『2001년도 하계총회 및 학술연구발표회 프로시딩』, 230-232.

최병선(1992), 『정부규제론』, 서울 : 법문사.

최홍석 외(2003), 사회적 갈등의 근거 이론적 이해, 『한국행정학보』, 37(4) : 169-191.

한국산지보전협회(2005), 『산림공유화에 따른 직접지불제 도입방안에 관한 국제심포지엄』.

행정자치부 외(1999), 『지방자치시대의 분쟁사례집 1, 2』.

홍성권(1994), 2000년대를 향한 서울시 공원녹지 정책의 미래방향 ; 서울시 공원녹지정책 방향과 공공 · 민간부문의 역할분담, 『한국조경학회지』, 22(3) : 3175-3183.
홍준형(1996), 갈등 및 분쟁조정 : 환경분쟁과 분쟁해결제도, 『한국행정학회 '96년 동계학술대회 2(제4회의 : 제2분과 기획논문발표)』, 313-333.

Amy, D. J.(1987), *The Politics of Environmental Mediation*, NY : Columbia University Press.
Bacharach, S. B. and E. J. Lawler(1984), *Bargaining : Power, Tactics, and Outcomes*, San Francisco, CA : Jossey-Bass Inc., Publishers.
Bacow, L. and J. R. Milkey(1982), Overcoming Local Opposition to Hazardous Waste Facilities : The Massachusetts Approach, *Harvard Environmental Law Review*, 6.
Bazerman, M.H. and J. S. Carroll(1987), Negotiator Cognition, in B. Staw and L. Cummings (eds.)(1987), *Research in Organization Behavior*, 9 : 247-288.
Bingham, G.(1986), *Resolving Environmental Disputes : A Decade of Experience*, Washington, DC : The Conservation Foundation.
Blackburn, J. W.(1988), Environmental Mediation as an Alternative to Litigation, *Policy Studies Journal*, 16.
Blake, R. R. and J. S. Mouton(1964), *The Managerial Grid*, Houston, Tex : Gulf Publications.
Bouwen, R. and P. Salipante(1986), The Kaleidoscope Model of Grievance Formulation, Presented at *The Conference of the International Association of Applied Psychology*, Jerusalem, July 13-18.
Bradley, G.(1989), *The Urban Forest Interface*, Seattle : University of Washington Press.
Brock, J. and G. W. Cormick(1989), Can Negotiation Be Institutionalized or Mandated? Lessons from Public Policy and Regulatory Conflicts, in K. Kressel (ed.)(1989), *Mediation Research*, Sanfrancisco, CA : Jossey-Bass.
Bruce, D. A.(1983), Who and How? Participation in Environmental Negotiation,

Environmental Impact Assessment Review, 4(2) : 203-217.

Campbell, M. and D. W. Floyd(1996), Thinking Critically About Environmental Mediation, *Journal of Planning Literature*, 10 : 235-247.

Capra. F.(1982), *The turning point*, NY : Simon and Schuster.

Cohen, H.(1980), *You can negotiate anything*, NY : Bantam Books.

Daniel Yankelovich Group(1990), *Public Attitudes Toward People with Chronic Mental Illness : Executive Summary*, Princeton, NJ : The Robert Wood Johnson Foundation.

Dear, M.(1990), *Gaining Community Acceptance*, Princeton, NJ : The Robert Wood Johnson Foundation.

Dear, M.(1992), Understanding and Overcoming the NIMBY Syndrome, *Journal of the American Planning Association*, 58(3) : 288-300.

Dotson, A. B. et al.(1989), *The Planner as Dispute Resolver : Concepts & Teaching Materials*, National Institute for Dispute Resolution.

Filley, A. C.(1975), *Interpersonal Conflict Resolution*, Glenview, IL : Scott, Foresman.

Forester, J.(1987), Planning in the Face of Conflict, *Journal of the American Planning Association*, 52(3).

Gilbreath, K. (ed.)(1984), *Business and the Environment : Toward Common Ground*, 2nd ed., Washington, DC : The Conservation Foundation.

Godschalk, D. R.(1992), Negotiating Intergovernmental Development Policy Conflicts : Practice-Based Guidelines, *Journal of the American Planning Association*, 58(3) : 368-378.

Grey, G. W.(1996), *The Urban Forest : Comprehensive Management*, John Wiley & Sons, Inc.

Gruber, J.(1994), Coordinating growth management through consensus building, *Working Paper*, No. 617, Berkeley : UC Berkeley, Institute of Urban and Regional Development.

Heiman, M.(1990), From 'Not in My Backyard!' to 'Not in Anybody's Backyard!' Grassroots Challenge to Hazardous Waste Facility Siting, *Journal of the American Planning Association*, 56(3) : 359-362.

Innes, J. E. and D. E. Booher(1999a), Consensus Building as Role Playing and Bricolage : Toward a Theory of Collaborative Planning, *Journal of the American Planning Association*, 65(1) : 9-26.

Innes, J. E. and D. E. Booher(1999b), Consensus Building and Complex Adaptive Systems : A Framework for Evaluating Collaborative Planning, *Journal of the American Planning Association*, 65(4) : 412-423.

Kartez, J.D.(1990), *Planning for Cooperation : Local Government Choices*, Pullman : Washington State University.

Konijnendijk, C. C.(1997a), Causes of Conflicts Affecting Urban Forest Policy-Making : A Theoretical Approach, in B. Solberg and S. Miina(eds.)(1997), *Conflict Management and Public Participation in Land Management*, EFI Proceedings No. 14 : 133-147, European Forest Institute, Joensuu.

Konijnendijk, C. C.(1997b), *Urban Forestry : Overview and Analysis of European Urban Forest Policies*, EFI Working Paper 12, European Forest Institute, Joensuu.

Konijnendijk, C. C.(1998). Conflict Management in Urban Forestry : The Case of Selected European Cities, in M. Krott and K. Nilsson (eds.)(1998), *Multiple-use of Town Forests in International Comparison*, Proceedings of the First European Forum on Urban Forestry, Wuppertal, IUFRO.

Konijnendijk, C. C., K. Nilsson, T. B. Randrup, and J. Schipperijn(2005), *Urban Forests and Trees*, Springer.

Konijnendijk, C.C., T. B. Randrup, and K. Nilsson(2000), Urban Forestry Research in Europe : An Overview, *Journal of Arboriculture*, 26(3) : 152-161.

Kowarik, I.G. and S. Köner(2005), *Wild Urban Woodlands : New Perspective for*

Urban Forestry, Springer.

Lake, R.(1993), Planners' Alchemy Transforming NIMBY to YIMBY, *Journal of the American Planning Association*, 59(1) : 87-93.

Lake, R.(ed.)(1987), *Resolving Locational Conflict*, New Brunswick, NJ : Rutgers University Press.

Levitt, R. and J. J. Kirlin(1985), *Managing Development Through Public/Private Negotiations*, Washington, D.C. : Urban Land Institute.

Lewicki, R. J. et al,(1994), *Negotiation*, Irwin.

Madigan, D., et al.(1990), *New Approaches to Resolving Local Public Disputes*, Washington, DC : National Institute for Dispute Resolution.

Mernitz, S.(1980), *Mediation of Environmental Disputes*, NY : Praeger.

Miller, R.W.(1988), *Urban Forestry : Planning and Managing Urban Greenspaces*, Englewood Cliffs, NJ : Prentice Hall.

O'Leary(1995), Environmental Mediation : What Do We Know and How Do We Know It? in J. G. Blackburn and W. M. Bruce(1995), *Mediating Environmental Conflicts : Theory and Practice*, Westport, CN : Quorum Books.

Park, J. H.(1995), Land-fill Sites and Alternative Approaches to Community Relations, Paper presented at *The Third Asian Planning Schools Association Congress*, 22-24, Sept.

Park, J. H. and G-C. Yi(1998), Potential Applications of A Social Learning Model to Resolving Local Disputes, *Korean Public Administration Quarterly*, 10(4) : 1009-1027.

Parsons, T.(1971), *The System of Modern Societies*, Prentis-Hall.

Pops, G. and M. Stephenson(1988), Public Administrators and Conflict Resolution : Problems and Prospects, *Policy Studies Journal*, 16.

Putnam, L. L. and P. Geist(1985), Arguments in Bargaining : An Analysis of the Reasoning Process, *The Southern Speech Communication Journal*, 50 : 225-245.

Rawls, J.(1971), *A Theory of Justice*, Cambridge, MA : Belknap Press.

Rawls, J.(1993), *Political Liberalism*, NY : Columbia University Press.

Rivkin, M.D.(1985), Negotiating with Neighborhoods, in R. L. Levitt and J. J. Kirlin (ed.)(1985), *Managing Development Through Public/Private Negotiation*, Washington D.C. : The Urban Land Institute, 65-76.

Ross, J.F.(1996), What You Didn't Know About Risk? *Reader's Digest*, USRD, April.

Rubin, J. Z and B. R. Brown(1975), *The Social Psycology of Bargaining and Negotiation*, NY : Academic Press.

Sato, N.(2005), Features and Impacts of Direct Payment Program for SFM in Japan, *International Symposium on Enhancement of Direct Payment Program for Public Ownership of Forest in Korea*, 11-19.

Senge, P. M.(1990), *The Fifth Discipline*, New York : Currecy Doubleday.

Sipe, N. G.(1998), An Empirical Analysis of Environmental Mediation, *Journal of the American Planning Association*, 64(3) : 275-285.

Susskind, L. L.(1983), The Uses of Negotiation and Mediation in Environmental Impact Assessment, in F. A. Rossini and A. L. Porter (ed.)(1983), *Integrated Impact Assessment*, Boulder, Colo : Westview Press.

Susskind, L. and J. Cruishank(1987), *Breaking the Impasse*, NY : Basic Books.

Susskind, L. and A. Weinstein(1980), Toward a Theory of Environmental Dispute Resolution, *Boston College Environmental Affairs Law Review*, 9 : 311-357.

Takahashi, L. M. and M. J. Dear(1997), The Changing Dynamics of Community Opposition to Human Service Facilities, *Journal of the American Planning Association*, 63(1) : 79-93.

Viner, J.(1960), The Intellectual History of Laissez Faire, *Journal of Law and Economics*, 3 : 45-69.

Wolf, C. Jr. (1990), *Markets or Governments*, The MIT Press.

Yi, G-C.(1992), *An Analysis of Disputants' Environmental Conflict Frames Relating*

To Ohio Wetland Conversion Disputes, Unpublished Ph.D. Dissertation, The Ohio State University.

木平勇吉(1997),『森林管理と 合意形成』, 全國林業改良普及協會, 朝倉書店.

北島朗子(1997),『白神山地を巡る合意形成過程の分析』, 東京農工大學 修士學位論文.

寺脇拓(1996), 生産綠地選擇行動 政策的含意,『農業經濟研究』第68卷 第1号 : 33-44.

魚住侑司(1997),『日本の大都市近郊林-歷史と展望』, 日本林業調査會.

林地保全利用研究會(1996),『都市近郊林の保全と利用』, 日本林業調査會.

合田素行(2001),『中山間地域等への 直接支佛ぃと 環境保全』, 家の光協會.

찾아보기

인명

사항